PURE  NARD

빛은 어둠 속에 있다

Light Belongs in the **Darkness**
by Patricia King

Copyright © 2005 by Patricia King
Published by Destiny Image
P.O. Box 310
Shippensburg, PA 17257, 0310

Korean translation Copyright © 2007 by Pure Nard
2F 774-31, Yeoksam 2 dong, Gangnam-gu, Seoul, Korea

The Korean edition is published by arrangement with Destiny Image.
All rights reserved.

본 저작물의 한국어판 저작권은 Destiny Image와의 독점 계약으로
한국어 판권을 '순전한 나드' 가 소유합니다.
저작권자의 허락 없이 이 책의 일부 또는 전체를 무단 복제,
전재, 발췌하면 저작권법에 의해 처벌을 받습니다.

빛은 어둠 속에 있다

지 은 이 | 패트리샤 킹
옮 긴 이 | 김동현

초판발행 | 2008년 1월 28일
4쇄발행 | 2010년 6월 10일

펴 낸 이 | 허 철
펴 낸 곳 | 도서출판 순전한 나드
주   소 | 서울 강남구 역삼동 774-31 2층
등록번호 | 제 313-2003-00162
도서문의 | 02) 574-6702 / 010-6214-9129
          Fax. 02) 574-9704
홈페이지 | www.purenard.co.kr
인 쇄 소 | 예원프린팅

ISBN 978-89-91455-99-3   03230

빛은 어둠 속에 있다

Light Belongs in the **Darkness**

패트리샤 킹 지음
김동현 옮김

PURE NARD

헌 정 사

신선한 불로 나의 마음에 복음의 열정으로 불을 붙인
토드 벤틀리 (Todd Bentley)

●

예언의 말로 나의 세계를 견고하게 한
스테이시 캠블 (Stacey Campbell)

●

어둠에서 빛이 비취게 하고 예수님을 더 원하게 해준
하이디와 롤랜드 베이커 (Heidi & Rolland Baker)

●

자신의 삶을 통해 나의 길을 바꾼
스티브 코트와 다니엘리 스트릭랜드 (Steve Court and Danielle Strickland)

에게 이 책을 바칩니다.

Special Thanks To

EXTREME PROPHETIC의 스텝과 팀.

●

우리의 동역자들과 중보자들.

어둠 속으로 빛을 옮기는 데 헌신해 주셔서
감사드립니다.

추 천 사

나는 풀러 신학대학원에서 공부하는 동안 박사 논문을 위해 전도에 관한 책을 50여 권 이상을 읽었다. 패트리샤의 새 책「빛은 어둠 속에 있다」는 내가 신학대학원을 다닐 때 이미 나왔어야 할 책이다. 그동안 읽은 전도에 관한 최고의 책 중 하나가 바로「빛은 어둠 속에 있다」이다. 이 책은 당신에게 전도를 위한 신선한 기름 부으심을 나누어주고, 무장시키고, 영감을 주며 또한 지상명령을 성취하기 위한 주요한 방법이 될 것이라 믿는다.

체 안
추수반석교회 담임목사

「빛은 어둠 속에 있다」는 치명적으로 우리를 깨우는 메시지이다. 이 책은 잠자고 있는 교회들을 깨우고 힘을 불어넣어 줄 것이다. 나의 친구인 패트리샤 킹의 책을 읽는 동안 성령님을 대면하는 신선한 기름 부음을 받으십시오. 예언전도를 위한 과격한 부르심 안에 있는 패트리샤의 메시지는 그녀의 삶에 대한 간증이다.

짐 골
Encounter Network 공동설립자

오늘날 교회는 모든 사람들이 갈망하는 강력한 예언사역에 연결되어야 한다. 문화적 측면에서는 종종 이것을 포스트-크리스천이라고 묘사하는데, 하나님의 강력한 간섭은 많은 사람들을 그리스도께로 인도하는 데 반드시 필요한 것이다. 이 책은 당신에게 예언전도가 무엇이며 어떻게 하는 것인지를 보여줄 것이다.

존 아놋
토론토 공항교회 담임목사

패트리샤 킹은 이 일에 대해 단순히 가르치거나 설교하지 않는다. 그녀는 거리에서 행하며 가르친다. 많은 그리스도인들이 "교회가 현재 어디로 가고 있는가?"를 물어본다. 패트리샤 킹은 교회가 나아가야 할 길을 보여 준다. 교회는 예수님께서 보셨던 잃어버리고, 병들고, 죽어가는 자들을 다시 봐야 한다. 예수님께서는 자신이 창조하신 세상에서 이 일을 행하셨다. 그러므로 예수님과 마찬가지로 교회도 세상 속으로 나아가야 한다. 내 말을 믿지 못하겠다면 패트리샤 킹의 이 책을 읽어보기 바란다.

스티브 슐츠
THE ELIJAH LIST

예언전도의 능력이 담긴 이 계시적인 책을 통해, 하나님의 나라가 어둠의 나라를 침노하는 것을 보게 된다. 패트리샤 킹의 책 「빛은 어둠 속에 있다」는 예수님을 따르며 복음을 전하는 모든 그리스도인이 반드시 읽어야 한다. 패트리샤는 책상에서 만들어진 수많은 이야기들을 밀쳐내고, 예언으로 무장되어 겁 없이 논쟁적인 질문들을 대면하며, 실제적인 적용과 삶을 변화시키는 예시들을 그리스도인에게 보여 준다. 이 책을 읽는 사람들은 신선한 창조성과 마지막 때의 교회를 향한 비전과 추수를 위한 하나님의 부르심에 다시 무장될 것이다.

질 오스틴

Master Potter Ministries

　패트리샤 킹의 새 책 「빛은 어둠 속에 있다」는 이 세상 속의 어둠을 어떻게 대적하는지에 대한 강력한 이야기들로 채워져 있다. 이 실제적인 책은 많은 영감을 줄 것이며, 여러분을 하나님의 백성을 일으키기 위해 하나님의 능력을 나타낸 엘리사의 영으로서 변화시키고 무장시킬 것이다. 빛나고 불타는 등대가 되길 원하는 모든 자에게 이 책을 기꺼이 추천한다.

토드 벤틀리

복음전도자, Fresh Fire Ministries

목   차

서문 · 14

제1장 ㅣ 거리에서의 능력 · 17
제2장 ㅣ 비전을 가지고 뛰어라 · 35
제3장 ㅣ 거리에서의 부흥 · 53
제4장 ㅣ 예언전도 · 71
제5장 ㅣ 예언하기는 쉽다! · 91
제6장 ㅣ 선한 혁명의 시작 · 113
제7장 ㅣ 메시지 · 127
제8장 ㅣ 제자 만들기 · 151
제9장 ㅣ 두려움을 극복하기 · 163
제10장 ㅣ 하나님의 미디어 군대 · 181
제11장 ㅣ 이 모든 것은 그분에 대한 것이다! · 197
제12장 ㅣ 나의 팔에 만짐을 받았다면 · 207

서 문

우리가 무엇을 해야 하며 무엇을 할 수 있는지에 대해 논한 책들은 많다. 이런 책들은 성경의 원칙으로 세워지거나 교회사에서 찾을 수 있는 아이디어와 신학사상들로 가득 차 있다. 꿈꾸는 자들은 자신의 서재에서 우리가 다르게 생각하도록 돕고 영감을 주기 위해 책을 쓴다. 하지만, 이렇게 서재에서 태어난 이론은 행할 수 있는 실제적인 모델을 제시하는 데 실패하고 사라져 버린다.

「빛은 어둠 속에 있다」는 그런 책들 과는 다르다. 이 책이 당신에게 다르게 생각하도록 돕고 새로운 꿈이 태어나도록 이론을 제시하겠지만, 그것은 단순한 이론이 아니다. 이것은 전 세계에 있는 그리스도인들을 위한 새로운 계시에 대한 기록이다.

내가 상대방을 칭찬하는 최고의 표현 중 하나는 "그 사람은 행하면서 가르치는 사람이야"라고 말하는 것이다. 패트리샤 킹은 이 책을 쓰기 오래 전부터 이 책 그대로 살아왔다. 그녀의 삶은 놀라우며, 그녀의 영향력은 그녀가 여행할 수 있는 지역보다 넓다.

이 책을 읽는 동안 난 많이 고무되었었다. 그 이유는 첫째, 그녀가 선포하는 진리를 사랑하기 때문이다. 이 책 속의 이야기들은 나로 하여금 하나님을 더 추구하게 만들었으며, 내가 이제껏 경험했던 모험보다 더 좋은 것이 있다는 사실을 깨닫게 했다. 패트리샤는 이 책을 통해 그녀가 하나님과 동행하는 사람임을 명백히 증명하였다. 둘째로, 이러한 진리에 영향을 받은 수많은 사람들을 보았기 때문이다. 예전에 여행을 하면서 내게 놀랄만한 감격을 주었던 사람들이 있었다. 바로 진리를 원하고 진리를 얻기 위해 무엇이든지 지불할 마음이 있는 사람들이었다. 패트리샤는 그들이 원하는 메시지를 가지고 왔다. 이 책은 어제에 머물지 않고 어제보다 더 좋은 것이 있다는 확신으로 타오르는 사람이 반드시 읽어야 한다.

개념이나 아이디어, 신학에 안주하지 않는 열정적인 세대가 일어나고 있다. 이 열정의 세대는 불가능한 것이 없는 실용적이고, 강력하며, 실천적인 복음을 고집한다. 이 책은 그들의 부르짖음에 대한 응답으로 쓰여졌다.

빌 존슨
캘리포니아 레딩 벧엘교회 담임목사

CHAPTER

제1장 거리에서의 능력

> 오직 성령이 너희에게 임하시면 너희가 권능을 받고…
> 내 증인이 되리라(행 1:8)

그리스도의 승천을 뒤로하고, 제자들은 예루살렘의 조그만 다락방에 머물며 계속적으로 기도에 헌신하였다. 제자들은 예수님의 말씀으로 심겨진 비전에 초점을 맞췄다.

볼찌어다 내가 내 아버지의 약속하신 것을 너희에게 보내리니 너희는 위로부터 능력을 입히울 때까지 이 성에 유하라 하시니라(눅 24:49)

오직 성령이 너희에게 임하시면 너희가 권능을 받고 예루살렘과 온 유대와 사마리아와 땅 끝까지 이르러 내 증인이 되리라 하시니라(행 1:8)

제자들은 능력을 받을 준비를 하고 있었다. 하지만 이 능력은 그들의 삶을 더 좋게 만들거나 좋은 평판을 얻기 위한 것이 아니었다. 그들은 주님께서 가신 길을 자신들도 걸어가야 하는 책임이 있음을 이해했다. 또한 이 능력이 그들이 개인적으로 직면해야 하는 박해도 가져옴을 이해했다.

그들이 지상에서 예수님을 메시야라고 선포할 때 이 능력은 그들을 박해와 저항을 위해 준비시켰다. 그들이 하나님의 능력을 나타낼 때, 이 능력은 하나님의 영광을 아는 지식으로 세상을 가득하게 했다. 위로부터 온 초자연적 능력은 능력을 경험한 사람들로 하여금 더 이상 예수님을 부정하지 못하게 만들었다. 그러나 이것은 제자들이 능력으로 온전하게 옷을 입고 있는 과정일 뿐이었다. 그리스도께서 행하셨던 은혜와 기름 부음의 충만함은 그들 위에 임했다.

제자들이 경험한 다락방의 역사는 거룩하게 구별된 시기를 의미한다. 이 시기 동안, 그리스도를 섬기기 위해 치뤄야 할 대가는 무거웠다. 제자들은 자신의 개인적인 가치관들을 내려놓는 데에 시간을 보냈고, 자신들이 걸어야 할 길이 예전과는 같지 않을 것이라는 것을 알았다. 하지만, 어떻게 이런 일이 일어났는가? 예수님은 그들에게 새 가죽부대에 대해 가르치셨는데, 그것이 그들에게 어떻게 보였을까?

나는 이 시기에 그리스도께서 가르치신 모든 말씀이 제자들에게 새롭게 조명되어졌다고 확신한다. "내가 진실로 진실로 너희에게 이르노니 나를 믿는 자는 나의 하는 일을 저도 할 것이요 또한 이보다 큰 것도 하리니 이는 내가 아버지께로 감이니라"(요 14:12). "예수께서 또 가라사대 너희에게 평강이 있을찌어다 아버지께서 나를 보내신 것 같이 나도 너희를 보내노라"(요 20:21). 얼마나 흥미로운 시간인가! 그들이 이 약속의 말씀을 묵상할 때에 그들의 마음에 믿음이 일어났다.

제자들은 자신들이 그리스도의 말씀의 빛 가운데 서 있는 신선한 환상을 보았다. 그들은 빛을 어둠 속으로 옮기기 위해 부름을 받았다.

이 시기에 유대인들은 정치적, 경제적 어려움을 겪고 있었고, 그리스도를 선포하는 것은 쉽지 않았다. 많은 종교적인 지도자들은 분개하였고, 일부는 그리스도의 죽음을 혼란스러워 했다. 또한 몇몇은 그리스도께서 부활하셨다는 소문에 회의적이었다. 그 누구도 제자들이 복음을 위해 살며 죽을 수도 있는 능력이 필요하다는 것에 관심이 없었다. 제자들에게는 자기유익을 추구하지 않게 하는 하나님의 순수한 능력이 필요했다. 다락방에서 성령받기를 기다렸던 남녀 제자 모두는 자신의 생활과 명예를 돌보지 않고 하나님의 목적을 이루고자 노력했다. 그 대가가 무엇이든지, 그들은 그리스도의 복음을 전하기를 원했고, 하나님의 나라를 확장시키길 원했다.

그들은 예수님을 따르기 위해서 어부, 세금징수원, 의사와 같은 직업을 버렸다. 수입이 많은 안정적인 직장을 버리고 예수님을 따를 때, 가족들이 어떻게 생각하였을지 상상해 보라. 예수님은 유대인들 사이에서 가장 인기 있는 사람이 아니라 가장 많이 논쟁의 대상이 되었던 사람이었다. 하지만, 제자들은 비웃음과 욕설, 반대에도 불구하고 표적과 이적과 기사를 경험했고 그분을 따르기로 결정했다.

제자들이 예수님을 따른 지 3년째가 되던 해에 예수님께서 신성모독 혐의로 체포되었다. 제자들은 예수님이 구원의 기적을 베풀고 예수님의 신성을 나타내어 해명하기를 기대했다. 하지만, 예수님은 시험과 정죄를 받은 채 십자가에 매달렸다. 너무나 많은 사람들이 십자가에서의 예수님의 죽음을 목격했다. 그들은 '그는 이제 죽었다', '다 끝났다'고 생각했을 것이다. 당신은 이 시기에 예수님의 제자가 되는 걸 상상해 볼 수나 있겠는가? 예수님을 따라간 것을 비판하는 가족과 친구들에게 무슨 말을 할 수 있을까? 나는 이 당시 제자들이 매우 크게 상처받았으며, 심지어 복음을 위한 자신의 헌신에 대해 회의감을 느꼈을 것이라 확신한다. 그들은 '예수님의 메시지는 정말이었을까?', '다시 고기를 잡으러 돌아가야 할까?', '아마도 친척들과 친구들이 옳았을지도 몰라', '그 사람을 따라가지 말았어야 했어', '예수님께서 약속했던 것은 다 무엇이었을까?'라고 생각했을 것이다.

그러나 예수님은 죽음에서 부활하셨고, 제자들과 다른 사람들에게 나타나셨다. 그렇다 하더라도, 모든 병사가 예수님을 본 것도 아니었고, 모두가 그의 부활을 믿은 것도 아니었다. 사실, 제자들조차 예수님의 부활을 믿기 위해 어느 정도의 시간이 필요했다. 의심이 많은 도마는 예수님의 손과 옆구리에 손을 넣어보기 전까지는 예수님의 부활을 믿지 않았다.

예수님의 재등장은 제자들의 믿음이 자라도록 도와주었을 것이다. 그러나 예수님은 제자들과 오래 머무르지 않으셨고, 부활 후 40일 동안 많은 것을 가르치시며 온 세상에 천국 복음을 전파하라고 제자들을 파송하셨다. 그리고 이 놀라운 지상명령을 성취하기 위해서는 성령의 능력이 필요하다고 예수님께서는 말씀하셨다.

그 후 예수님은 승천하셨다. 무대에서 사라진 것이다. 제자들은 약속받은 성령을 기다리기 위해 무대 위에 남겨졌다. 예수님의 말씀에 순종하여 예루살렘의 한 다락방에서 위로부터 오는 능력을 기다렸다. 이 약속에서 그들은 무엇을 기대했을까? 예수님은 그들에게 권능이 어떻게 임하고 어떻게 느낄 수 있는지를 설명하지 않으셨다. 제자들은 합심하여 기도하며 기다렸다. 1일, 2일, 3일이 지났다. 아직 그들은 기도를 멈추지 않았다. 나는 그들이 예수님께서 하신 말씀을 잘못 들은 건 아닌지 의심하기 시작했을 것이라 생각한다. 4일, 5일, 6일이 지나도 성령의 권능은 나타나지 않았다. 7일, 8일, 9일이 지났지만 여전히 아무것도 느낄 수 없었다.

아마도 그들은 서서히 생계를 걱정하기 시작했을 것이다. 누가 이 방에 있는 사람들을 먹여 살릴까? 제자들은 '9일째야. 이제 밖으로 나가서 직장을 찾아봐야 할지도 모르겠군. 어떻게 이들을 먹여 살리지? 벌써 9일이 지났지만 아무것도 없잖아. 잘못 들었는지도 모르겠어.' 라는 생각을 가졌을지도 모른다. 대부분의 사람이 예수님을 거짓 선지자라고 믿으며 제자들의 믿음에 감동받지 않았을 것이다. 그들에게는 다락방 이외에는 거처할 공간도 없었을 것이다. 어떻게 이 방에서 성령을 기다리는 사람들을 먹일 수 있을까? 9일이 지났지만 성령님은 오시지 않았다.

마침내, 그 순간이 찾아왔다. 급하고 강한 바람 같은 소리, 만질 수 있는 분명한 성령의 임재가 온 집에 가득 찼다. 불의 혀같이 갈라지는 것들이 각 사람들 위에 나타나 머물자 모두가 배우지 않은 언어로 말하기 시작했다. 성령은 너무도 강하여 제자들은 마치 술에 취한 것처럼 보였다. 사람들이 크게 소리를 낼 때, 군중들이 놀라 당황하기 시작했다. 얼마나 놀라운 일인가! 베드로는 일어나 담대하게 그리스도를 전하기 시작했다. 진실로 예수님이 부활하셨다는 확신이 거리에 있는 사람들에게 전파되기 시작했고, 3,000명의 사람들이 이날 예수님을 구주로 영접하고 구원받았다. 사도들의 사역을 통해 거리에서 표적과 기적과 기사가 일어나자 더 많은 사람들이 하나님 나라의 백성이 되었다. 성령이 다락방에 임하고, 길거리 속으로 홍수같이 흘러갔다. 그리고 이러한 실제적인 성령의 능력은 드디어 거리에서 초대교회를 탄생시켰다.

그러나 제자들은 즉시 박해를 받게 되었고, 복음에 대항하는 일이 일어났다. 그러나 박해를 하면 할수록 예수님의 능력은 더욱 크게 나타났다. 온갖 비방과 핍박, 재판, 감옥조차도 하나님 나라의 확장을 막을 수 없었다. 복음은 거친 불처럼 사방으로 퍼져 갔다. 예수님은 지옥문조차도 예수님에 대한 계시를 가지고 가는 제자들을 막을 수 없을 것이라고 가르치셨다. 지금, 그들은 그 말씀이 살아있음을 보고 있었다.

다락방에 머물던 제자들에게 임한 능력은 그들이 그 모든 혼란 가운데 당당하게 맞서도록 만들었다. 초대교회는 자신의 삶과 명예를 버린 남자와 여자들로 이루어졌다. 그들은 위로부터 오는 능력을 덧입고 복음을 위해 살고 죽을 수 있게 되었다. 세상에서 가장 먼 땅 끝까지 예수님의 증인으로 파송되고자 하는 열정이 폭발했다.

평범한 것이 무엇인가?

오순절 날 성령님의 능력이 쏟아져 소동이 일어날 때, 베드로는 일어나 외쳤다.

> 이는 곧 선지자 요엘로 말씀하신 것이니 일렀으되 하나님이 가라사대 말세에 내가 내 영으로 모든 육체에게 부어 주리니 너희의 자녀들은 예언할 것이요 너희의 젊은이들은 환상을 보고 너희의 늙은이들은 꿈을 꾸리라 그때에 내가 내 영으로 내 남종과 여종들에게 부어 주리니 저희가 예언할 것이요 또 내가 위로 하늘에서는 기사와 아래로 땅에서는 징조를 베풀리니 곧 피와 불과 연기로다(행 2:16~19)

성령님의 능력이 거리에서 교회를 탄생시켰고 베드로는 말세에 대한 예언을 선포했다. "하나님 편에 서서 말하고 행동하는 주의 종들에게는 기적과 기사가 일어나고 모든 사람들에게 하나님의 영이 부어질 것이다." 21절에도 동일한 내용으로, 베드로는 "누구든지 주의 이름을 부르는 자는 구원을 얻으리라"고 외쳤다.

오순절에 쏟아진 성령의 폭발은 말세의 교회에 대한 예시이자 표본이다. 사도행전을 보면 하나님의 나라는 하나님의 종들을 통해 능력으로 나타난다. 병자가 고침 받고, 귀신이 떠나가며, 죽은 자가 살아나고, 천사의 방문이 평범한 것이 되고, 초자연적인 현상이 예수님의 권위를 증명하게 된다. 이 모든 일은 교회에서 자연스럽게 일어나야 한다.

사도들이 복음을 외치는 곳마다 영혼들이 구원받았다. 예수님께서 말씀하셨듯이 사도들의 사역에 능력이 나타남으로 하나님의 나라가 확장되었다. 예수님은 제자들에게 능력으로 천국 복음을 전하라고 말씀하셨다. "병든 자를 고치며 죽은 자를 살리며 문둥이를 깨끗하게 하며 귀신을 쫓아내라"(마 10:8). 이 놀라운 사역이 이 땅에서 일어나는 것은 하나님 나라의 전진과 확장을 위한 지극히 평범한 초자연적인 사역의 일부가 되어야 한다.

능력의 새 물결

우리는 이전에 교회건물 안에서 찾을 수 없었던 잃어버린 영혼을 향한 성령의 새로운 기름 부으심의 시대에 살고 있다. 복음을 전하고 하나님 나라의 기적을 나타내는 사도적인 교회가 지금 이 땅에 세워지고 있다. 수많은 국가에서 이미 하나님 나라의 확장을 보고 있다.

나는 얼마 전에 아프리카에서 사도적 사역을 하는 한 사역자의 이야기가 담긴 비디오를 보았다. 그는 입술 암을 앓고 있는 여성을 위해 예수님의 이름으로 치유되도록 기도했다. 그는 안수하지 않고 단지 믿음의 말로 명령했다. 잠시 후, 그녀의 입술에서 역겹고 더러운 물질이 흐르기 시작하더니 암이 사라지기 시작했다. 몇 시간 후에는 그녀의 입술에서 암의 흔적조차 찾을 수 없었고 입술모양이 일반인처럼 회복되었다. 이 비디오는 그녀의 이전 사진과 이후 사진을 비교해서 보여 주었다. 그녀는 완전히 암에서 치유 받은 것이다.

젊은 복음 전도자인 토드 벤틀리는 나의 훌륭한 친구이다. 그는 몇 년 만에 수십만 명의 사람들을 주님께로 인도했다. 그는 믿음의 중심점에 서 있는 사람이다. 한 번은 그가 아프리카에서 복음을 전할 때 지역 무슬림들로부터 생명을 위협받을 정도의 완강한 저항에 부딪쳤다. 토드는 다음날 자신의 팀을 이끌고 낚시점으로 가 상자 위에 서서 설교하기 시작했다. 그는 과감하게 기적을 체험하고 싶은 사람은 앞으로 나오라고 사람들을 초청했다. 만약 기적을 체험하지 못한다면 지금 당장 집으로 가서 성경을 부인할 것이라며 사람들에게 나오라고 격려했다. 이 말은 모두의 호기심을 자극했고 사람들이 하나 둘 앞으로 나왔다. 바로 그곳, 모든 사람의 시선이 주목된 그 장소에서 모두가 성령의 기적을 통해 병이 나았다. 이 능력이 나타나자 더 많은 사람들이 치유와 구원을 위해 앞으로 나왔다. 그날 오후, 토드와 사역 팀은 수많은 무슬림들을 예수님께 인도하기 바빴다.

멕시코에서 사역하는 데이비드 호건은 팀과 함께 아직 문명의 발길이 닿지 않은 미전도 종족에 복음을 전한다. 병든 자가 낫고, 귀신이 떠나가고, 수백 명의 죽은 자가 다시 살아났다. 중국, 인도, 남아메리카에서 벌어지는 일도 하나님 나라의 초자연적인 능력이 잃어버린 영혼을 위한 것이라는 것을 확인시켜 준다. 이 모든 일이 지금도 평범하게 일어나고 있다. 21세기에도 예수님께서 행하신 것과 같은 방법으로 동일하게 복음이 전파되고 있다.

이러한 복음의 능력의 물결이 서구세계에도 임하고 있다. 반드시 서구에도 임해야 한다! 하나님의 백성들이 하나님의 약속을 붙잡는다면 거리에 거대한 충격과 함께 부흥이 올 것이다. 예언과 치유, 기적들은 거리에서 나타날 것이다. 우리가 예수 이름으로 행하기만 한다면 이런 은사가 자연스럽게 넘칠 것이다. 우리 모두는 이 능력을 관찰하는 사람으로 부름 받은 것이 아니라 초자연적인 능력을 행하는 사람으로 부름 받았다. 우리 자신을 내려놓고 주님을 경외할 때, 초자연적인 능력이 자연스럽게 흘러 나타날 것이다. 그러나 그 능력은 항상 증명될 수 있는, 눈에 보이는 방법으로 나타나지 않을 수도 있다. 결국 우리 안에 내주하시는 그리스도가 바로 우리가 간구하는 영광의 소망이시다.

5시간 만에 새로운 아담이 되다

'Extreme Prophetic'(패트리샤 킹이 대표로 있는 예언자 학교로 초자연적이고 극단적으로, 예언전도를 훈련하는 사역단체-역주)의 전도여행 기간 동안 밴쿠버 시내에서 아담이란 사람을 만났다. 그는 23세로 간염에 걸려 있었다. 캘리포니아 사람인 젊은 예언적 복음 전도자 페이튼 크리스코는 아담을 스테이시 캠블과 나에게 데려왔다. 페이튼은 아담에게 복음을 나눈 후 우리에게 예언으로 섬겨달라고 부탁했다. 우리는 기도하면서 하나님께서 살아계시고 실재하심을 나타내는 예언들로 그를 섬겼다. 아담은 예언을 통해 만짐을 받았지만 여전히 예수님이 구주이신지는 확신하지 못했다. 아담은 우리에게 종교적이고 영적인 능력에 대해 수없이 많은 질문을 했다. 갑자기, 지식의 말씀이 나에게 임해 과감하게 선포했다. "48시간 내에, 예수 그리스도께서 당신에게 분명한 방법으로 그가 하나님이심을 알게 하실 것입니다." 아담은 충격을 받은 듯 그의 어깨를 움츠렸다. 난 다시 반복하여 "48시간 안에, 예수님께서 분명한 증거를 주실 것입니다."라고 말했고, 아담은 이렇게 응답했다. "그걸 보면 믿겠어요."

길거리 예언전도 후, 팀과 함께 저녁식사를 했다. 저녁식사를 마친 후 우리는 다시 예언적인 메시지로 거리를 강타했다. 많은 마약 중독자들이 근육통으로 고통 받고 있었기 때문에, 우리는 기도하고 예언을 해주는 동안 어깨를 주물러줬다. 교통량이 많고 보행자가 많은 거리에 의자를 배치했고 사역을 받기 위해 사람들이 줄을 섰다. 나는 의자가 있는 거리 건너편에 입이 귀밑까지 걸려 있는 아담을 보았다. 그는 나를 보고 매우 큰 소리로 외쳤다. "겨우 5시간이에요!" 그가 다시 말했다. "겨우 5시간이에요! 예수님께서 48시간 안에 나타날 거라고 했지만 겨우 5시간 만에 일이 벌어졌어요."

아담은 자신의 삶을 이야기하기 시작했다. 그는 오토바이에서 넘어져 어깨와 등에 심각한 부상을 입었었다. 그런데 한 전도여행 팀이 그의 치유를 위해 기도할 때, 그는 기적을 체험했다. 기도가 끝나기도 전에 고통이 완전히 사라졌던 것이다. 아담이 자신의 간증을 다 말하자 나는 물었다. "이제 예수님이 구주이심을 믿으십니까?" 그는 부끄럼 없이 대답했다. "예. 당신들이 나를 신자로 만들었어요!" 다시 물었다. "당신의 삶을 예수님께 드리시겠습니까?" 아담이 대답했다. "당연하죠!"

아담은 이제 그리스도 안에 새로운 피조물이 되었고, 기쁨이 그에게 넘쳐났다. 그는 간염의 치유와 축사를 위한 기도도 받았다. 이 순간은 그의 생애 전체를 변화시키는 획기적인 전환점이었다. 다음날 우리가 모임을 시작할 때 아담은 미소 지으며 제일 앞자리에 앉았다.

지난밤에, 하나님께서 아담을 찾아가 은혜로 가득 채웠기 때문이었다. 24시간도 되지 않아 아담은 구원받았다. 그리고 아담은 100여 명 정도 되는 사람들 앞에 섰다. 고통과 중독에서 벗어나 그가 구원받은 경험을 사람들에게 담대히 전했다.

아담은 그를 섬겨줬던 모든 사람들이 자신의 새 가족임을 깨달았다. 그는 구원의 은혜에 감사해 사역단체에 헌신하게 되었고, "그 크신 분을 사랑해요." "매일 하나님께 감사드립니다. 너무 감사해요." 라고 말하며 자신의 간증을 많은 사람들에게 나눴다. 아담은 지금 거리에서 복음을 전하며 하나님께 강력하게 쓰임 받고 있다.

갇힌 자에게 자유를

거리에는 하나님과의 강력한 만남을 기다리는 외롭고, 혼란 속에 있는 사람들로 넘쳐난다. 라스베가스에서 전도여행을 하는 동안, 예언 팀은 감옥에서 출소한지 얼마 되지 않은 한 사람을 만났다. 그는 20년 형을 선고받았지만 13년 만에 가석방으로 풀려났었다. 그는 완전히 고립되어 있었고 외로움 가운데 자신의 사회적응과 미래에 대해서 두려워하고 있었다.

스테이시 캠블이 그에게 희망과 소망의 예언을 해주었다. 그녀는 그가 어렸을 적에 무슨 일을 당했는지에 대한 지식의 말씀도 받았다. 하나님의 사랑의 능력이 그의 마음을 만지자 그는 예언사역을 받는 동안 계속 울었다. 기도 사역이 끝난 후 그는 평생 동안 이런 사랑을 한 번도 느껴본 적이 없었다고 말했다. 하나님의 초자연적인 사랑이 그의 마음을 녹였고 그는 즉시 자신의 삶을 예수 그리스도께 드렸다. 거리에서 13분 동안 한 예언사역이 교도관이 13년 동안 했던 일보다 강력하게 한 사람을 변화시켰다. 이것이 하나님의 나라요, 하나님의 능력이다!

교도소를 방문한 적이 있다. 소년원에 들어가 복음을 전할 때, 영적으로 몹시 굶주려 있고 하나님의 임재를 갈망하는 청년들을 만났다. 각 방을 돌며 사역할 때 수많은 사람들이 줄을 섰다. 그들은 능력을 경험하고 싶어했다. 그날 위로의 예언을 각자에게 해줬다. 어떤 사람은 성령의 능력으로 쓰러지고, 어떤 사람은 주체할 수 없을 정도로 울었고, 어떤 사람은 육체적, 감정적인 상처가 치유되었다. 많은 사람들이 주체할 수 없이 웃는 동안 기쁨이 충만해지는 경험으로 하나님의 임재를 체험했다.

거리에서 하나님을 만남

단 한 번이라도 하나님을 만난다면 그 사람의 삶은 영원히 바뀔 수 있다. 에리카 그리브는 성경학교에서 3년째 인턴십을 하고 있는 열정적인 사람이다. 그녀는 밴쿠버 시내를 걷다가, 우연히 공공장소에서 코카인을 피우는 자신의 옛 친구를 만났다. 에리카는 그의 한쪽 머리가 심각하게 부상당한 것을 보았다. 그 남자는 1년 전 날카로운 얼음송곳에 귀를 찔렸다. 그래서 한쪽 귀는 들리지 않고 자주 두통으로 고통 받고 있다고 설명했다. 에리카는 그 자리에서 바로 기도해 보자고 제안했고, 그 순간, 하나님의 능력이 기적적으로 임해 그 자리에서 그는 소리를 들을 수 있었고 두통이 떠나갔다. 하나님은 갇힌 자들을 보고만 계시는 분이 아니다. 하나님은 사랑의 능력을, 사랑의 도구가 되고자 자원하는 자들을 통해서 나타내시길 갈망하신다.

같은 성경학교의 팀원 한 명이 샌드위치 간판을 입고 광고하고 있었다. 거기에는 "C형 간염에 걸렸습니까? 기적이 필요합니까? 무료로 기도해 드립니다."라고 적혀 있었다. 이 당시, 밴쿠버 시내에 사는 사람들 중 90퍼센트가 C형 간염에 걸려 있었다. 이런 심각한 상황에는 하나님의 개입이 필요하다. 우리 팀은 마약중독자들이 흔히 머무는 비둘기공원에 이 샌드위치 간판을 입고 돌아다녔다. 샌드위치 간판을 본 사람들이 개인적으로 찾아와 무료기도를 받기 원했다. 어떤 사람은 하나님의 능력이 너무 강하게 임해 땅에 쓰러져 일어나지 못하는 동안 주님의 치유가 그의 몸에 일어났다. 다른 사람은 안수 받을 때 뜨거운 기운이 자신의 몸을 지나가는 것을 느꼈다고 이야기했다.

에리카와 셜리 로스(Extreme Prophetic TV 프로그램 프로듀서)는 로스앤젤레스의 거리에서 마약중독으로 인해 똑바로 걷지 못하는 사람을 만났다. 이 정신이 오락가락하는 남자는 햇볕으로 인해 심한 화상까지 입었다. 에리카는 그 남자에게 도움이 필요한지 물었다. 그의 대답은 산만하고 오락가락했지만, 머리는 아래위로 끄덕였다. 중독 상태로 무슨 말을 하는지 알 수 없는 대화가 오고가자, 에리카는 예수의 이름으로 정신이 들도록 명령했다. 그러자 갑자기 그의 머리가 뒤로 젖혀지더니 똑바로 섰다. 그는 기적적으로 온전한 대화를 할 수 있게 되었다. LA거리에서 한 사람이 하나님의 능력으로 만짐을 받고 그의 삶을 예수님께 드렸다. 셜리는 이 모든 과정을 TV 카메라에 담았다. 그는 그의 눈에 보일 정도로 크게 변화되었고, 또 한 사람의 존귀한 영혼이 주님 품으로 돌아왔다.

당신은 어떠한가?

이런 간증들은 교회 건물 안에서 일어난 일이 아니라, 도시의 거리에서 벌어진 일이다. 이런 기적들은 하나님의 능력과 임재로 채워질 수 있는 평범한 사람들을 통해 일어난다. 그들은 기꺼이 잃어버린 영혼을 찾기 위해 거리로 나선다. 당신은 어떠한가? 당신도 가기 원하는가? 만약 그러하다면 성령님께서 기꺼이 오순절 날 초대교회에 역사했던 기름 부음과 능력으로 당신을 채우실 것이다. 사도행전에서 성령의 약속을 기다렸던 제자들처럼, 우리는 다락방을 찾아야 할 필요가 있으며, 제자들처럼 그리스도를 위해 우리의 삶과 죽음을 기꺼이 내어 놓는 열정을 드려야 할 필요도 있다.

CHAPTER

제2장 비전을 가지고 뛰어라

그 안에 생명이 있었으니 이 생명은 사람들의 빛이라
빛이 어두움에 비취되 어두움이 깨닫지 못하더라
(요 1:4~5)

횃불을 든 사람이 금으로 된 계단을 올라가자 거대한 제단이 나타났다. 그 제단에는 두려울 정도로 소멸하는 불이 타오르고 있는데 그 불 속으로 아직 불이 붙지 않은 횃불을 밀어 넣었다. 그 횃불을 소멸하는 불 속에 밀어 넣자, 말로 표현하기 힘든 믿지 못할 불이 횃불로 옮겨갔다. 그녀는 놀라움으로 그 횃불을 들고 있었다. 그녀는 말없이 타오르는 횃불을 보기 위해 뒤로 물러섰다. 공기가 멈춘 것만 같았다. 그때, 갑자기 어디에선가 소리가 들려왔다. 그것은 사람의 목소리가 아니었지만, 분명 어떤 소리였다. 거부하기 힘든 권위를 가진 위엄 있는 목소리가 그녀의 주위에서 들려왔다. "비전을 가지고 뛰어라, 비전을 가지고 뛰어라, 비전을 가지고 뛰어라."

그녀는 횃불을 높이 들고 뛰기 시작했다. 그녀는 자신이 횃불을 들고 달리는 일이 자신을 위한 것이 아니라 그녀가 들고 뛰는 영원한 빛을 위한 것임을 알았다. 그녀는 그녀의 마음속에 크게 메아리치는 소리를 따라 횃불을 들고 힘 있게 계단 아래로 내려오기 시작했다. 그녀는 어두운 곳으로 달려가는 동안 점점 자기가 달리는 속도가 빨라짐을 알았다. 그녀는 마치 자신이 운명적으로 이 길을 달려야 하는 것처럼 느껴졌다. 그녀가 달리는 곳마다 강력한 하나님의 초자연적인 임재의 은혜가 따라왔다. 그녀는 초점을 잃지 않았다. 그녀는 자신이 알지 못하는 어두움 속으로 달려가면 달려갈수록 점점 더 몸이 가벼워지고 힘이 솟아나는 것을 느꼈다. 피곤함과 연약함은 전혀 느낄 수 없었다. 새로운 힘이 계속 채워졌다. 그녀가 해야 할 일이 점점 더 분명해졌다. 단순히 횃불을 높이 들고 비전을 가지고 뛰는 것이 전부였다.

길의 양옆에 어두움 속에서 자신을 보는 시선을 느꼈다. 그녀는 자신을 보는 사람들이 있음을 알았지만, 그것에 연연하지 않았다. 그녀는 그녀가 해야 할 일, 횃불을 높이 들고 비전을 가지고 뛰는 일에 완전히 몰두했다. 그녀가 어느 정도 계속 달리자, 저 멀리 지평선에서 천천히 푸른 하늘과 하얀 구름이 보이기 시작했다. 그녀는 자신이 이제 더 이상 어둠 속을 달려가는 것이 아니라, 하늘의 영광을 향해 달려가고 있는 것임을 알았다. 자신이 달렸던 길이 금으로 포장되었음을 알았다. 그녀는 제단이 있던 계단을 달려갔던 것처럼 열정을 다해 큰 걸음으로 뛰어가고 있었다.

수많은 사람들이 응원하고 외치는 소리가 들려왔다. "그들이 저기 오고 있다! 그들이 저기 오고 있다!" 그녀는 잠시 생각했다. "그들이 오고 있다고? 그들이 누구지?" 그녀는 잠시 뒤를 돌아봤다. 그러자, 열방에서 모인 수많은 사람들이 금으로 된 길을 뛰어오고 있는 것을 보고 놀라지 않을 수 없었다. 횃불은 사라지고 너무나도 찬란한 빛이 모든 곳에 가득했다. 거기에는 어두움이 없었다. 수많은 사람들이 이 찬란한 빛을 보고 금으로 포장된 길을 따라 영원한 삶으로 들어가고 있었다. 천국은 이 놀라운 일을 보고 응원하고 즐거워하고 있었다.

1980년 8월에 보았던 이 환상은 여기에서 끝난다. 하지만, 아직 이 환상에 대한 경험이 끝난 것은 아니다. 이 놀라운 환상을 보는 동안, 나는 성령의 능력 아래 있었고 내 몸의 모든 세포가 기쁨으로 충만했다. 내 속에 있는 모든 것과 나의 모든 세포가 기뻐하고 즐거워했다. 나는 오랫동안 주체할 수 없는 웃음으로 뒹굴었다. 주의 임재 안에는 기쁨이 충만하다(시 16:11)!

이 환상은 우리가 살고 있는 시대에 대한 예언의 말씀이다. 횃불을 들고 달렸던 사람은 말세의 교회를 상징한다. 이사야 선지자는 악하고 어두운 시기에 주님의 영광의 빛이 그의 백성들에게 나타나 모든 사람들이 보게 될 것이라고 예언했다.

> 일어나라 빛을 발하라 이는 네 빛이 이르렀고 여호와의 영광이 네 위에 임하였음이니라 보라 어두움이 땅을 덮을 것이며 캄캄함이 만민을 가리우려니와 오직 여호와께서 네 위에 임하실 것이며 그 영광이 네 위에 나타나리니 열방은 네 빛으로 열왕은 비취는 네 광명으로 나아오리라
> (사 60:1~3)

참된 그리스도인은 도덕적인 부패, 패역함, 방탕, 위협, 반항, 온갖 테러의 공격 속에서 밝게 빛날 것이다.

과격한 군대

지금은 주님께서 과격한 하나님의 군대를 세우시는 시기이다. 이 군대는 자신의 사상이나 평판, 이익에 따라 움직이는 것이 아니라, 오직 한 가지 일, 예수님의 이름이 온 세상에 높아지는 일을 위해 부르심을 받았다. 하나님 나라의 확장을 위해 자신을 헌신하고자 하는 순수한 목적을 가진 횃불주자들에게는 특별한 은혜가 임할 것이다. 그들은 기적과 기사와 표적을 통해 주님의 빛을 높이 들 것이다. 엘리야 선지자가 바알 선지자들 앞에 섰던 것처럼, 그들도 하나님의 목적을 위한 예언을 말하게 될 것이다. 그들은 하나님 나라의 능력을 나타내기 위해 빛을 사람들에게 비출 것이다. 그들은 사랑과 선함, 긍휼로 널리 알려지게 될 것이다. 그들은 자신의 이름이 알려지지 않더라도 그것에 연연하지 않는다. 왜냐하면 그들은 자신의 명성에 관심이 없기 때문이다. 그들은 그리스도 안에서 숨겨진 사람이란 것이 무슨 의미를 가지는지를 잘 안다. 다른 사람은 이와 달리 사람들에게 널리 알려질 것이다. 하지만, 사람들에게 널리 알려지는 사람들은 자신의 마음을 항상 다루어야 한다는 것과 그 명성에 따르는 책임의 대가가 무엇인지를 잘 안다.

이 거룩하고 특별한 군대는 수많은 사람들을 주님께로 인도하게 될 것이다. 누가 이 군대에 소속되어 있을까? 겨우 몇 사람으로만 구성되어 있을까? 어떻게 군사로 선발될까? 독특한 은사를 가진 사람들로만 구성될까? 마태복음 9장 35~36절은 예수님께서 마을과 도시에서 모든 아프고 병든 자들을 고치시며 복음을 전하는 모습을 보여준다. 예수님은 모든 사람들을 불쌍히 여기셨는데, 왜냐하면 그들이 목자 없는 양처럼 방황했기 때문이다. 마태복음 9장 36~37절에는 예수님께서 제자들에게 말씀하신다. "추수할 것은 많되 일군은 적으니 그러므로 추수하는 주인에게 청하여 추수할 일군들을 보내어 주소서 하라 하시니라."

주님은 기꺼이 횃불을 옮길 사람을 찾고 계신다. 주님은 세상과 타협하지 않고 그의 이름을 높이며 그의 빛을 비출 사람들을 원하신다. 주님은 하나님 나라의 복음의 비전을 가지고 달릴 사람을 찾고 계신다. 주님은 그에게 기꺼이 순복하고 "예"라고 기꺼이 말할 수 있는 사람들을 찾으신다. 누가 그의 군사로 부르심을 받았는가? 기꺼이 부르심에 대답할 수 있는 사람들 누구나 그의 군사가 될 수 있다. 당신도 부르심을 받았으며 나도 부르심을 받았다. 지금 곡식들이 뽑히길 기다리고 있다. 예수님께서 말씀하시길 "너희가 넉 달이 지나야 추수할 때가 이르겠다 하지 아니하느냐 내가 너희에게 이르노니 눈을 들어 밭을 보라 희어져 추수하게 되었도다"(요 4:35)라고 하셨다. 이 말씀의 열쇠가 되는 핵심 문구는 '눈을 들어 밭을 보라'이다. 당신이 잃어버린 영혼을 찾고 있다면 잃어버린 영혼들이 당신 앞에 있는 것을 보게 될 것이다. 당신이 복음을 전하기 위한 문을 찾고 있다면 그 문이 이미 열려 있는 것을 보게 될 것이다.

토드 벤틀리는 겨우 몇 년 만에 수십만 명의 사람들을 주님께로 인도하였다. 그는 단순히 그의 눈을 들어 이 땅의 추수할 밭을 보았다. 그는 하나님께서 복음의 능력을 그에게 주실 것과 수많은 사람들을 그리스도께 인도할 수 있는 기사와 표적 사역의 축복을 그에게 부으실 것을 신뢰했다. 주님을 위한 수많은 횃불들은 기쁨의 관을 가져오는데, 이는 그들이 추수한 밭을 보고 또 그 후의 일들을 보기 때문이다. 당신의 눈을 들어라. 당신의 이웃, 직장, 가족들을 보라. 당신의 눈을 들어 외로운 자, 중독자, 상처 받은 자, 잃어버린 영혼을 보라. 그들은 당신의 주위에 항상 있다. 우리는 지금 추수의 시기를 맞고 있다. 기꺼이 주님의 군사가 되길 바라는가? 비전을 가지고 뛸 준비가 되었는가? 추수를 기다리는 희어진 밭이 당신을 기다리고 있다!

시기와 때를 분별함

잃어버린 영혼을 그리스도께로 데려오는 일에 적당한 시기와 때는 없다. 그러나 추수되기를 기다리는 수많은 사람들이 매일 거리에 넘쳐난다. 이 땅 위에 대중적인 전도 운동이 일어나는 시기와 때는 존재한다. 이 시기는 하나님께서 정하시는 그분의 시간이다. 이 시기를 맞이하면, 하나님 나라 안에 수많은 영혼들을 추수하기 위해 특별한 은혜가 임한다. 그러나 하나님의 명령과 그 시기는 분별이 필요하다. 그렇다면 교회는 반드시 그분의 일을 성취하기 위해 늘 활동적이어야 한다. 그리스도의 몸을 구성하며 시기를 분별할 줄 아는 선지자들을 통해서, 어떻게 이 시기가 오는지를 알 수 있다(이때, 사도들은 활동적인 전략을 세우고, 복음 전도자들은 잃어버린 영혼들에게 다가가기 위해 그리스도인들을 무장시키며, 목사와 교사들은 제자훈련을 위해 교회를 준비시킨다).

자연계에는 네 가지 계절이 있다. 가을에 농부들은 작물로부터 씨앗을 모은다. 이 씨는 이듬해 봄에 심겨진다. 만약 농부가 씨앗을 모으기 위해 빨리 움직이지 않는다면, 이듬해에는 아무 일도 할 수 없을 것이다. 추수기의 씨앗은 올바른 시기에 심겨져야만 한다. 모든 농부들은 이 사실을 알고 있다. 그래서 부지런한 농부는 씨앗을 거두기 위한 하나님의 시기인 추수기에 씨앗을 거둔다. 지혜로운 농부는 하나님의 일을 위해 그분의 때를 놓치지 않을 것이다.

겨울이 오면 모든 것이 휴식을 취한다. 추운 겨울날씨로 인해 땅 위에서는 아무것도 자라지 않는다. 겨울은 쉼을 위한 시기로 몇 달 뒤 소생의 시기를 가져다준다. 만약 당신이 겨울철에 씨앗을 심고 거두기를 원한다면 굉장히 실망하게 될 것이다. 이 시기는 추수를 위한 하나님의 시기가 아니라 쉼을 위한 하나님의 시기이기 때문이다.

겨울이 가면 씨앗이 뿌리를 내리는 봄이 온다. 만약 당신이 이 시기에 씨앗을 심지 않는다면, 곧 임할 추수기를 놓치게 된다. 봄 이외에 여름이나 가을, 겨울철에는 씨앗을 심을 수 없다. 농부는 이 시기를 분별하여 추수를 기대하며 씨앗을 심는다.

마침내 여름철이 다가왔다. 이 시기에는 봄에 뿌린 씨앗이 따스한 햇볕과 깨끗한 비로 인해 빨리 자란다. 여름 동안, 열매와 곡식이 익기 시작한다. 늦은 여름과 이른 가을철에는 추수할 때가 가까이 왔음을 알게 된다. 열매와 곡식이 무럭무럭 익어가는 들판은 매일 매일 추수의 시기가 점점 다가옴을 알린다. 추수의 시기가 온다면 그것을 수확하든지 아니면 수확하지 않고 방치해야만 한다. 곡식은 농부가 준비되기를 기다리지 않는다. 그래서 농부는 곡식이 익자마자 즉시 들판으로 가 추수할 준비가 되어 있어야 한다.

신혼 초에 나는 남편 론과 함께 농장에서 살았다. 여름 수확물들이 각각 서로 다른 시기에 익었다. 어떤 야채는 빨리 익기도 하였지만 다른 것은 늦게 익기도 했다. 하지만, 야채들은 우리가 준비가 되어 있든 되어 있지 않든 간에 수확을 기다렸다. 우리가 심은 농작물 중에 앨펄퍼(alfalfa: 자주개자리, 주로 동물사료로 쓰이는 식물, 역주)라는 것이 있다. 동물들은 이 앨펄퍼를 먹고 겨울을 나기 때문에, 대단히 많은 양을 헛간에 저장한다. 추수기가 오면 매일 농부는 익어가는 들판과 날씨의 변화에 민감해야 한다. 하루는 농부가 우리 집으로 들어와 소리쳤다. "지금 가야 해요! 일기예보에 폭풍이 내일 온다더군요. 오늘 내로 곡식을 거둬야 해요!" 그래서 우리는 그를 도우러 들판으로 나갔다. 우리는 태풍으로 작물을 잃고 싶지 않았기 때문에 밤을 세며 일해야 했다.

자연적인 계절의 변화는 영적인 시기에 대한 그림을 보여준다. 그리스도의 몸 안에서 쉬는 시기, 씨 뿌리는 시기, 씨앗을 수확하는 시기, 열매를 거두는 시기가 있다. 1990년대 서구교회는 추수기가 아닌 영적인 갱신기를 거쳤다. 비록, 수많은 영혼들을 그리스도께 인도할 기회가 많았다 하더라도 추수기는 아니었다. 90년대의 대량의 수확은 아프리카와 남미에서 일어났지만 서구는 아니었다. 각각의 곡식들은 서로 추수의 때가 다르다.

비록, 서구교회는 1990년대 동안 추수를 아주 조금 맛보기는 했지만(플로리다 펜사콜라 브라운스빌 부흥), 서구교회에 대한 하나님의 초점은 이전보다 더욱 증가되었다. 1994년 초, 캐나다에 있는 토론토 공항교회에 쏟아진 아버지의 축복을 통해 성령이 전 세계에 부어지기 시작했다. 하나님의 분명한 임재는 수많은 사람들이 느낄 수 있을 정도로 매우 무거웠고, 성령의 능력 아래 술 취한 것과 같은 현상이 일어났다.

이 10년 동안(1990년부터 2000년도까지) 교회는 새로운 불과 능력으로 채워졌다. 컨퍼런스를 통해 수천 명의 사람들이 모였다. 당신이 이 시기에 흐르던 성령의 강에 뛰어들지 못했다면 이미 놓친 것이다! 나는 보좌로부터 흐르는 생명의 강이 모든 자들에게 날마다 흐르지는 않는다는 것을 말하고 싶어서 이 글을 쓰는 것이 아니다. 하나님께서는 그의 백성들에게 항상 축복을 베푸시며, 그의 약속은 영원불변한 것이다. 하지만, 이 10년은 그리스도의 몸을 만지기 위해 계획된 성령이 쏟아지는 시기였다. 이 시기 동안, 그분의 분명한 임재가 그리스도인들에게 임했다.

지금 우리는 이와는 다른 시기에 살고 있다. 아가서 3장에는 술람미 여인이 그녀의 연인 때문에 커다란 고민에 잠겨 있는 모습을 볼 수 있다. 그녀는 꿈속에서 자신이 사는 곳에서 그를 찾지 못한다. 그녀는 연인을 항상 자신의 곁에 두었다. 그녀는 애인이 너무 보고 싶어서 일어나 크게 외친다. "내가 일어나서 성중으로 돌아다니며 마음에 사랑하는 자를 거리에서나 큰 길에서나 찾으리라"(아 3:2). 그녀는 나중에 거리에서 연인을 찾는다. 이 구절은 지금 이 시기에 대한 예언적인 그림이다. 지금은 하나님의 분명한 임재를 교회 건물 안에서보다는 거리, 직장, 잃어버린 영혼들 사이에서 찾는 시기이다.

나는 지금 하나님이 지역교회를 버린다거나, 그리스도인들에게 교회공동체에서 헌신하는 것을 그만두라고 말하는 것이 아니다. 주님은 항상 그의 백성들과 함께 계실 것이다. 그리스도인은 말세가 가까

울수록 더욱 모이기를 힘쓰기 위해 부름을 받았다. 예수님은 그의 백성들이 어디에 있든지 항상 함께 계실 것이지만, 그의 영광과 은혜는 교회가 잃어버린 영혼들에게 얼굴을 들 때 더욱 분명해질 것이다. 농부의 집과 창고, 들판에 나갈 일꾼이 부족한 것과 같이, 잃어버린 영혼들에게 가지 않는 교회는 점점 비게 될 것이다. 추수의 때는 반드시 돌아오며, 그의 집은 다시 가득 차게 될 것이다. 희어져 추수할 곡식이 가득한 들판으로 사람을 보내는 교회 지도자는 교회가 넘쳐나는 것을 보게 될 것이다. 반면에, 오래된 방법과 프로그램, 기존 교회에서 안주를 고집하는 사람은 기름 부음과 멤버들의 흩어짐으로 매우 실망하게 될 것이다.

빛은 어둠 속에 있다

이사야 61장 1절에는 "주 여호와의 신이 내게 임하셨으니 이는 여호와께서 내게 기름을 부으사 가난한 자에게 아름다운 소식을 전하게 하려 하심이라"라고 기록되어 있다. 우리가 만약 거대한 추수를 보길 원한다면 우리가 옮기는 빛의 능력에 대해 알아야 한다. 우리 안에 계시는 그리스도는 빛이시다! 우리는 가난한 자에게 복된 소식을 전하기 위해 성령으로 기름 부음을 받았다. 그리스도의 빛을 이 세상의 가장 깊고 어두운 곳으로 가져간다면 부흥과 추수를 맛보게 될 것이다. 이것을 위해 교회가 존재한다!

우리는 그리스도인들과 교회들이 점점 중산층과 사회의 가장 안전한 영역으로 들어가고 있는 것을 볼 수 있다. 물론, 우리가 이런 영역으로 부르심을 받았다면 잘못된 일이 아니다. 하지만, 이것이 열매를 맺지 못하는 메마른 땅으로 숨어들어 가는 것이라면, 성경에서 분명하게 말하고 있는 부분을 간과한 것이다. 서구사회에서는 강력한 성령님의 능력이 기적과 기사와 표적과 함께 나타난다는 말을 좀처럼 듣지 못한다. 수십만 명의 사람이 같은 집회에서 그리스도를 영접했다는 소식도 물론 듣지 못한다. 왜 이런가? 우리는 하나님의 만지심이 필요한 가난한 자들에게 가는 것보다 교회 예배에 가기 때문이다. 성령의 기름 부으심이 충만하게 임하는 것을 보기 원한다면, 가난한 자, 마음이 상한 자, 중독자들에게 찾아가야 한다. 우리는 편안한 환경을 떠나 어두움 속으로 가야 한다.

성육신 전도

대니엘리 스트릭랜드와 그녀의 남편, 그리고 스테반 코트는 구원군대(Salvation Army)에서 함께 사역한다. 그들은 복음의 불로 충만하다! 몇 년 전에, 그들은 새로 태어난 아들 시온과 함께 밴쿠버 시내에 있는 죄인들과 함께 살기 위해 그곳으로 이사했다. 그들의 비전은 마약중독자가 넘치고 부패하고, 폭력적인 마을에서 그들과 함께 사는 성육신 전도이다. 이것은 예수님께서 하늘의 영광을 버리고 친히 이 땅에 내려오신 것과 비슷하다. 예수님은 우리와 함께 사셨을 뿐만 아니라, 죄 없이 우리와 같은 인간으로 오셨다. 성육신 전도는 어둠 속으로 빛을 가져가기 위해 죄인들과 함께 하는 것이다.

새로운 가죽부대

스티브와 대니엘리는 새로운 가죽부대를 세우고자 하는 비전을 가지고 있다. 교회건물은 없지만, 그들의 팀은 밴쿠버 시내에 있는 교회공동체와 긴밀한 관계를 유지하고 있다. 그들은 슬럼가에 있는 호텔이나 연립주택에 머물며, 미션 하우스에서 식사를 하고, 마약중독자, 매춘부, 살인자, 강도들과 함께 생활한다. 주님께서 그들에게 강력하게 임하시어, 매일 한 사람씩 변화되고 있다. 누군가가 대니엘리에게 물어본 적이 있다. "당신의 교회는 어디 있나요?" 그녀가 대답했다. "지금 보고 계시잖아요." 우리는 교회다. 우리가 무엇을 해야 하거나 어디로 가야하는 것만이 교회가 아니다. 오늘날 우리가 알고 있는 교회와 앞으로 다가올 교회의 개념은 달라질 것이다. 그럼 교회는 어떻게 달라질까? 나도 확실히는 모르지만 지금과는 다를 것이라고 확신한다. 우리가 성령님과 함께 동행하면 새로운 것이 더욱 다가올 것이다.

예수님께서는 새 술을 담기 위해서는 새 부대가 필요하다고 가르치셨다(마 9:17). 앞으로 주님께서는 우리가 이전에 하지 않았던 일을 위해 우리를 부르실 것이다. 오래된 패턴과 방법으로는 생각할 수 없다. 우리는 하나님의 영감과 지시를 받기 위해 하나님께 더욱 가까이 다가가야 한다. 그의 사랑의 횃불을 가지고 가장 어두운 곳으로 달려가고자 한다면 반드시 그분의 전략이 필요하다. 몇 년 전, 스테이시 켐블은 예언을 통해 이렇게 말했다. "이 시기에 하나님의 일을 하고자 한다면 과거로 돌아가서는 안 됩니다. 앞으로 일어날 하나님의 일들 중 어떤 것은 예전에 전혀 시도되어 본 적이 없는 것입니다. 특별히 마지막 때가 다가올수록 더욱 그럴 것입니다."

주님께서 교회에게 말씀하시는 바를 듣고자 하는 열린 마음은 이 시기의 열쇠가 될 것이다. 주님께서 오래된 형식과 구조를 계속 지키라고 하시지 않는 한 우리는 전통을 유지할 수 없다. 하지만, 사람들은 변화되는 것을 어려워한다. 나는 교회담임교역자로 청빙을 받은 한 목사의 이야기를 들은 적이 있다. 목사는 그랜드 피아노가 강대상의 왼쪽에 있는 것을 보았다. 그는 설교할 때, 오른쪽을 좋아하므로 오른쪽으로 피아노를 두기를 원했다. 해결법은 간단했다. 그냥 피아노를 다른 편으로 옮겨 버렸다. 다음 주일이 되자, 피아노가 옮겨진 문제 때문에 재직회가 열렸다. 결국 피아노는 원래 있던 자리로 돌아갔다. 그들은 변화를 싫어했기 때문에 목사가 옮긴 피아노를 원래대로 돌려놓았다.

지혜롭고 대단히 인내심이 컸던 목사는 아주 조금씩 변화를 주기로 마음먹었다. 목사는 매주 마다 피아노를 아주 조금씩 옮겼다. 1년쯤 되었을 때, 피아노는 완전히 다른 편으로 옮겨졌고 재직회는 이런 변화에 대해 만족해했다. 사실, 그들은 이런 변화를 인식하지 못했다. 우리가 아는 교회에 관해 조금씩 변화가 오고 있다. 새로운 가죽 부대가 어떤 모양이든지 성령님께 기꺼이 순복하자.

카페에 있는 교회

어느 날 저녁, 토론토 거리에서 TV 필름을 찍기 위해 사람들과 함께 이야기하고 있었다. 자정이 되어 폐점시간이 다가오자, 우리는 따뜻한 커피와 음료수를 마시기 위해 24시간 영업하는 카페에 갔다. 우리는 도둑맞기 쉬운 TV 장비들을 차 안에 내버려두지 않고 카페로 들고 왔다. 우리가 커피가게로 들어가자 갑자기 경계 받는 느낌을 받았다. 마약중독자, 노숙자들로 이루어진 카페 손님들은 갑작스런 카메라의 출현을 달가워하지 않았다. 그들은 우리를 의심스런 눈으로 쳐다봤다.

결국 한 남자가 다가와 우리에게 물었다. "뭘 하러 왔소?" 우리는 대답했다. "커피 마시러 왔어요." 그 남자는 다시 물었다. "이 카메라는 뭐요?" 우리는 그에게 Extreme Prophetic과 지역교회와 함께 노숙자들을 섬기러 왔다고 설명했다. 우리가 설명하는 동안, 그는 주위를 둘러보며 계속 서성거리고 있었다. 우리가 계속 그와 대화하자 그는 경계를 풀었다. 우리는 그의 삶에서 가장 깊은 비밀에 대해 이야기를 나누기 시작했다. 가게에 있던 사람들은 호기심으로 우리를 계속 보며 대화를 듣고 있었다. 한 시간 뒤, 그는 우리에게 기도받기를 원했고 우리는 그에게 예언을 했다. 그러자 그에게 믿음이 생기기 시작했고, 그 남자가 가게를 떠날 때 그는 매우 행복해 했다.

다른 테이블에서 갑자기 누군가가 "저, 잠깐만요."라고 말했다. 우리의 대화를 계속 듣고 있던 노숙자가 말을 건 것이다. 내가 그에게 다가가자 그가 말했다. "좋으신 하나님이 나에게도 뭐라고 하지 않으시나요?" 나는 대답했다. "당연히 말씀하시죠." 나는 그와 그의 여자친구에 대해 예언하기 시작했다. 카운터에 있던 카페 종업원도 포함해 카페에 있던 사람들이 몰려와 기도와 예언사역을 부탁했다. 우리가 의도하지 않았음에도 불구하고 하나님은 시내에 있는 24시간 커피숍에 교회를 만드셨다. 우리는 건물을 빌리지도 않았다! 우리는 말씀을 나누고, 주님의 이름을 높이고, 기도하고, 예언하고, 예수님을 믿도록 격려했다. 지금 여기가 바로 교회다! 전통적으로 볼 때 부인하더라도 교회가 맞다!

신발 끈을 묶어라

이날 밤에 일어난 모든 일은 성령님께서 인도하셨고 계획하신 것이다. 우리가 했던 모든 일은 단지 성령님의 인도를 따라간 것뿐이다. 우리는 단순히 우리 안에 살아계시는 그리스도를 어둠 속으로 모셔간 것뿐이다. 우리가 성령님의 인도하심에 따라갈 때, 그는 우리를 추수의 충만함으로 우리를 인도하실 것이다. 그는 우리가 횃불을 높이 들고 순전한 마음으로 계속 달릴 수 있도록 하신다. 우리는 비전을 가지고 달릴 것이다. 그리스도의 빛이 바로 이 비전이다. 그의 교회를 통해서, 온 세상에 그의 사랑과 영광을 보여주실 것이다. 당신과 나, 그리고 그의 백성들이 부르심을 받았다. 신발 끈을 묶고 비전을 가지고 달려라. 경주가 시작되었다.

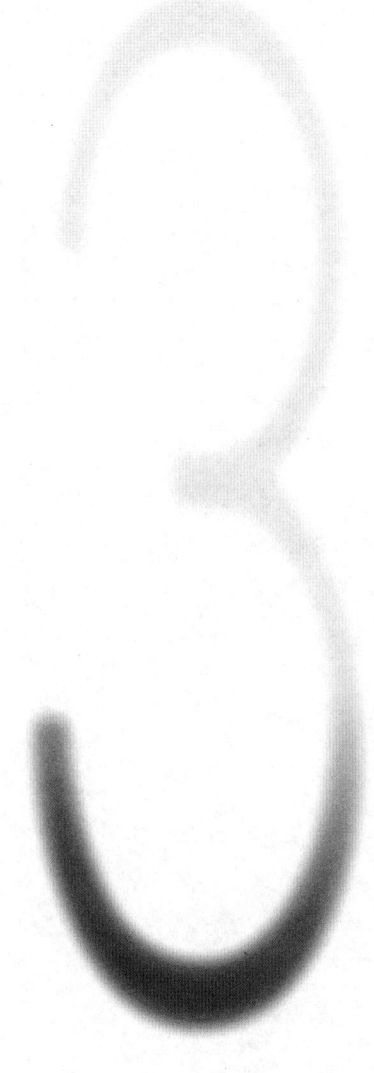

CHAPTER

제3장 거리에서의 부흥

종들이 길에 나가 악한 자나 선한 자나 만나는 대로
모두 데려오니 혼인자리에 손이 가득한지라
(마 22:10)

밴쿠버 시내 거리의 어두운 곳에는 삶이 황폐해진 사람들로 넘친다. 2004년 2월에 밴쿠버 중심가를 걸을 때의 상황은 말로 설명할 수 없을 정도다. 이 정도로 타락하는 것이 북미지역에서도 정말 가능한 일일까 싶을 정도다. 시내 중심가는 마약 남용의 무법지대다. 캐나다는 법적으로 마약의 사용과 거래를 금지하고 있지만, 특정 지역은 법으로도 막지 못한다. 마약중독자들은 그 지역이 어딘지를 잘 알고 있다. 경찰과 사법기관으로는 모든 범죄활동을 막기 힘들다. 그래서 가장 민감한 문제들은 특정지역만 방관함으로써 그곳을 범죄지역화한다. 그래서 헤로인을 맞고, 본드를 흡입하고, 마리화나를 피우고, 코카인을 흡입하는 사람들을 보는 일이 힘들지 않다. 이 모든 일들이 당신이 지나가는 길옆에서 벌어진다. 때로는, 공공장소에서 코카인을 피우고 있는 청년들에게 복음을 전하는 그리스도인에게 자신들의 마약경험을 자랑하기도 한다. 때로는 마약을 과다투여해서 길옆이나 공원에 쓰러져 있는 사람들을 보기도 한다. 사람들은 이 모든 상황이 아주 일상적인 것처럼 숨 쉬는 시체들 옆을 아무 일 없는 듯 지나간다.

사법권의 부재는 시내 중심가에서 매춘부들이 자신의 몸을 팔 수 있도록 방치한다. 마약 남용과 중독의 시간이 길면 길어질수록 사람들은 점점 쓰레기처럼 변한다. 매춘부들은 대부분 중산층 남성들과 함께 차에 탄다. 새벽, 정오, 자정할 것 없이 거리에는 항상 이런 사람들로 넘쳐 난다.

추위를 피하기 위한 장소를 찾는 노숙자들은 그들의 물건을 가득 실은 쇼핑 카트에 들어가 잠을 자기도 한다. 추위를 피할 장소를 찾지 못한 사람들은 오래된 카펫이나 신문지, 골판지를 덮어 추위를 피하기도 한다. 당신이 시내 중심가를 걸어갈 때 돈을 구걸 받는 일은 너무나도 흔한 일이다. 돈은 음식과 음료수, 교통비와 숙박비에 필요하다. 하지만, 그들 대부분이 그들의 손에 돈이 쥐어지는 축복이 오면 그 즉시 마약을 사버린다. 거짓말과 도둑질, 속임수는 그들이 거리에서 살아남기 위한 삶의 한 가지 방법이다.

시내에는 위협과 폭력이 난무하고 죽음의 악취가 올라온다. 폭행, 살인, 자살, 마약남용과 같은 범죄가 없는 날은 단 하루도 없다. 우리는 이 지역에 사는 사람들에 대해 조사를 하고자 며칠 동안 슬럼가 호텔에서 묵었다. 우리는 첫 날밤부터 총소리와 공포로 비명을 지르는 소리를 들었다. 시끄러운 경비업체 시스템의 알람 소리, 경찰차의 사이렌 소리, 구급차 등의 소리가 밤낮없이 울렸다.

우리 팀 중 한 명이 3층 창문에서 뛰어내려 포장도로에서 뒹구는 사람을 보았다. 그는 아직 숨 쉬고 있었지만 귀와 코와 입에서 피를 흘리고 있었다. 팀원이 구급차가 오는 동안 기도할 때, 몇몇 마약중독자들은 이 죽어가는 사람의 집에 들어가 TV와 돈이 되는 물건들을 모조리 훔쳤다. 마약을 구하기 위해서다. 그들은 훔친 물건을 가지고 죽어가는 사람 옆을 유유히 지나갔다. 그의 삶은 아무런 가치도 없었다. 아무도 그가 죽을지 살지 관심을 가지지 않았다. 이것이 어둠 속에 사는 인생이다.

시내 중심가는 아이들에게는 매우 위험한 장소다. 아이들이 거리에서 뛰어노는 것을 본 적이 없었다. 아이들을 이런 장소에서 본다는 것이 정말 어렵지만 사실, 아이들도 이곳에 있다. 아이들은 어머니가 밖에 일하러 나가있는 동안 집이나 아파트, 여관에 갇혀 지낸다. 아버지는 누구인지도 모른다. 아이들은 어린 시절부터 성적, 육체적, 감정적으로 학대받고 또래의 아이들로부터 따돌림을 받는다. 시내 어느 곳에나 주사기가 버려져 있다. 마약중독자들이 주사기를 아무데나 버려두기 때문이다. 비록, 시내를 청소하는 프로그램이 있기는 하지만 그들을 실제로 돕는 것과는 거리가 멀다.

마른 뼈가 살아날 수 있는가?

나는 거리를 걷는 동안 하찮은 존재가 되었다. 평범한 사람들은 결코 경험할 수 없는 죄의 결과들이 나를 에워쌌다. 이런 타락들을 보고 경험하는 것은 아직 나에게 익숙하지 않았다. 아름다움으로 생기가 넘치는 세계적인 관광도시에 깊은 어두움이 숨어 있다. 죄로 인해 수렁에서 나오지 못하는 사람들의 모습이 너무나도 선명하게 나의 눈에 들어온다.

나는 이 문제에 대한 하나님의 마음을 느끼기를 간절히 원했다. 하나님은 모두를 사랑하시지만 사람들을 묶는 죄는 미워하신다는 사실을 안다. 사회는 그들을 격리했고, 법률은 그들을 포기했으며, 중산층은 그들을 피하고, 부자들은 그들을 경멸하고, 타락이 그들을 지배한다. 교회는 여러 가지 방법으로 그들을 무시했지만, 하나님은 그들을 사랑하신다. 그들은 숨 쉬고 있지만 죽은 것이다. 그들은 살아있는 채로 지옥을 경험하고 있다. 오 하나님, 그들을 위해 우리가 무엇을 할 수 있습니까?

나는 에스겔 37장에 나오는 예언을 생각했다. 하나님은 말라 죽은 채로 산산이 흩어진 뼈 조각들이 가득 찬 골짜기를 선지자에게 보여주셨다. 하나님께서 에스겔에게 물으셨다. "인자야, 이 뼈들이 능히 살겠느냐?" 만일, 당신이 믿음의 눈이 아닌 육적인 눈으로 이 생명 없는 뼈들을 본다면 "농담하십니까?"라고 대답할지도 모른다. 하지만, 에스겔은 선지자로서 하나님의 뜻과 능력이 언제라도 나타날 수 있다는 사실을 아는 사람이었다. 에스겔을 대답한다. "주 여호와여 주께서 아시나이다."

하나님은 에스겔에게 생명의 말씀을 대언하라고 명령하셨다. 하나님은 모든 것의 창조자이자 회복자이시며 하나님께 불가능한 것은 아무것도 없다. 에스겔이 예언하기 시작하자 생각지도 못한 일이 일어난다. 뼈끼리 맞부딪치는 소리와 함께 뼈들이 모이기 시작했다. 이것은 부흥의 징조이다. 뼈들이 모여 모양을 만들더니 힘줄과 피부가 덮이기 시작했다. 에스겔이 계속 예언하자, 생기가 뼈 속에 들어가 생명과 능력, 잠재성과 희망이 넘치는 거대한 군대가 되었다.

거리에서 걷고 있는 죽은 자들을 일으키는 일은 그리스도인이 해야 할 임무 중 하나이다. 이 살아서 죽은 자들은 생명도 없고 희망도 없으나, 하나님은 그들을 일으키는 것이 가능하시다. 숨은 쉬지만 죽어있는 사람들은 시내 중심가뿐만 아니라 어느 곳에서든지 볼 수 있다. 당신의 이웃일 수도 있고, 직장동료일 수도 있으며, 은행원일 수도 있고, 가게주인일 수도 있다. 그날 밤 나는 거리에서 죽음의 악취를 맡으며 파괴된 것들에 둘러싸여 있었다.

기도하는 동안, 열방의 가장 깊고 어두운 곳에 '부흥의 영'이 임하는 예언적인 환상을 보았다. 하나님의 능력으로 가장 더러운 죄인에서 의의 그릇으로 변화된 마른 뼈들이 다가오는 것을 보았다. 교회들이 갇힌 자를 자유케 하고 대위명령을 수행하는 부흥의 능력을 거리에 푸는 것을 보았다. 이것을 위해 우리 그리스도인이 존재한다. 그들이 하나님께 저항을 해도 하나님은 모두를 깊이 돌보신다. 하나님은 우리 모두의 이름을 알고 계시며 우리를 패역한 길로 인도했던 각 개개인의 모든 고통까지도 다 알고 계신다. 부흥의 영이 임하면, 거리에서 자신의 정체성을 찾을 필요가 없어진다. 하나님은 그들의 가능성과 가치를 알고 계신다. 하나님께서는 우리가 하나님과 같은 관점으로 그들을 보기 원하신다. 주님은 우리를 통해 그들을 자유케 하길 원하신다.

취하고 정복하라

거리에서 기도하는 동안 "취하고 정복하라"는 말씀이 계속 나의 마음에 맴돌았다. 구약을 보면 하나님께서 이스라엘 백성을 어떻게 인도하시는지를 볼 수 있다. 그들은 가나안 땅을 약속받았지만, 이스라엘 백성들은 한 번에 한 도시를 정복해야만 했다. 여호수아는 대적의 문을 취하고 그들의 영토를 정복했다. 다른 말로 한다면, 그들이 점령한 도시들은 그들의 통치에 들어갔다.

그 순간 나의 마음에서 한 가지 아이디어가 떠올랐다. 만약, 100명의 성령 충만한 그리스도인들이 한꺼번에 죄악이 가득한 어두운 곳으로 들어가면 어떻게 될까? 즉시, 하나님의 임재가 그 영역에서 점점 증가할 것이다. 한 명의 그리스도인이 한 명의 잃어버린 영혼을 위해 헌신하여 한 달 안에 그리스도께 인도하고 제자화한다면 어떻게 될까? 그러면 한 달 안에 200명의 그리스도인들이 어둠 속에서 빛을 밝히게 될 것이다. 그 지역을 점령하는 그리스도인의 숫자가 100%가 늘어나는 것이다. 200명의 그리스도인들이 이와 같은 계획을 반복한다면 그 숫자는 400명으로 늘어나 그 지역에 빛을 비출 것이다.

매달마다 같은 전략을 사용한다면 400명에서 800명, 1,600명, 3,200명, 6,400명 나중에는 12,800명의 그리스도인들이 생겨날 것이다. 이렇게 된다면, 시내 중심가에 하나님의 임재가 가득 넘치게 될 것이다. 그리스도인들 각자가 매일 기도하고, 헌신하고, 올바르게 살고, 그의 사랑과 자비하심과 기적이 일어나는 기름 부음을 전한다면 하나님의 능력은 더욱 분명하게 나타날 것이다.

거리에서 거룩한 침노가 일어나는 것을 상상해 보라. 그리스도인들이 사법계, 정부기관, 우체국, 식당, 가게, 재활센터, 의료기관, 학교에 넘쳐 난다면 어떨까? 그들의 기도를 통해 모든 사람들이 복음을 접할 수 있는 기회가 주어진다면? 모든 그리스도인들이 하나님의 기적적인 구원과 치유, 부활을 사람들에게 보여준다면? 거리에서 죽었던 자들이 다시 살아나는 일을 볼 수 있게 될 것이며, 오랫동안 아팠던 사람들은 하나님의 초자연적인 능력으로 치유 받게 될 것이다. 마약에 중독되었던 사람들은 아무런 후유증 없이 기적적으로 중독에서 자유케 될 것이다. 우리는 이런 일들을 이미 봐왔지만, 우리가 본 것보다 모든 그리스도인들의 삶과 일터에서 더 일어나기를 원한다. 중보기도와 치유를 위한 공간, 예언부스(booth), 무료 축사기도와 상담센터가 시내에 넘치는 것을 상상해 보라.

비전을 쫓는 열정과 믿는 자들의 양적인 성장이 같이 일어나면 분명한 하나님의 능력은 폭발하게 되어 있다. 그렇다고, 커다란 모임을 만들어 시작하라는 의미가 아니다. 교회가 더욱 배가되고 늘어나는 명확한 비전과 전략을 가진 몇 사람만 있다면 이 모든 일은 가능하다. 처음부터 믿음과 능력을 갈구할 필요는 없다. 하나님의 은혜와 당신이 가지고 있는 것으로 시작하면 된다. 하나님께서 이 시대에 성취하고자 하시는 일에 비해 우리의 비전과 목표가 너무 작을 수도 있다. 부흥의 영이 어두운 곳을 점령한다면 이 도시는 어떻게 될까? 아침신문에 이 도시에 대한 기사가 어떻게 나올지 상상해 보라. 꿈을 크게 갖고 하나님을 신뢰하라! 부흥을 생각할 때마다 나는 "부흥이 일어나는 건 쉬운 일이야"라고 말했고, 마음의 눈으로 부흥이 일어나는 것을 계속 그려보았다. 하나님은 크신 하나님이시다. 그의 능력은 놀랍고 그의 보혈은 오늘도 구원과 치유를 가져다준다. 하나님은 서구사회뿐만 아니라 세계 어느 곳이든 쉽게 부흥을 몰고 오실 수 있다.

롤랜드와 하이디 베이커는 하나님의 사랑의 능력을 모잠비크에 가져다 준 사람이다. 롤랜드와 하이디는 쓰레기더미에서 굶주린 아이들에게 빵조각을 나누어주고, 버려진 아이들을 자신들의 집으로 데리고 오는 것으로 부흥을 가져왔다. 하나님의 성령과 감동에 따라 매일 가난한 자들에게 다가갔다. 날마다, 복음을 나누고 영혼들을 그리스도께 인도하자 수많은 일꾼들이 그들의 사역을 돕기 위해 모잠비크로 몰려왔다.

겨우 몇 년 만에, 수십만 명의 회심자들과 수천 개의 교회가 세워졌다. 하나님 나라의 확장과 사역으로 수천 명의 사람들이 일어났다. 축사와 치유의 기적은 날마다 일어났고 죽었던 사람들이 다시 살아나는 기적도 흔하게 일어났다. 롤랜드, 하이디, 그리고 그의 팀들은 그들에게 생명을 주는 일을 사랑한다. 그들이 하는 일이 바로 하나님 나라의 부흥이다. 모잠비크에서 어둠 속에 울부짖고 있는 가난한 자를 만지시는 그 하나님이 서양도 만지실 것이다.

왜 시내 중심가에 가난한 자와 억압된 자가 있는가?

아마도 이 글을 읽는 사람들 중에는, 왜 내가 모잠비크처럼 타락하고 궁핍한 장소와 시내 중심가에 초점을 맞추는지 궁금해 할지도 모른다. 아마 당신은 중산층이나 혹은 자신의 부유한 친구나 가족들에게 부흥이 일어나기를 원하는지도 모르겠다. 그러나 하나님은 갇힌 자들을 보고만 계시는 분이 아니다. 하나님은 우리가 짐이라고 느끼는 모든 사람들에게까지 다가가고 싶어 하신다. 나는 시내 중심가만 하나님께서 능력으로 임하시는 곳이라고 말하는 것이 아니다. 성경은 기름 부으심이 눌린 자들과 가난한 자들을 섬기기 위해 임한다고 분명하게 말한다.

> 주의 성령이 내게 임하셨으니 이는 가난한 자에게 복음을 전하게 하시려고 내게 기름을 부으시고 나를 보내사 포로 된 자에게 자유를 눈먼 자에게 다시 보게 함을 전파하며 눌린 자를 자유케 하고 주의 은혜의 해를 전파하게 하려 하심이라(눅 4:18~19)

이 성경구절에는 부흥과 추수를 위한 열쇠가 기록되어 있다. "이는"이라는 말은 주님의 성령이 왜 임하는가를 분명하게 보여준다. 왜 우리가 기름 부음 받았는가? 무엇 때문에? 가난한 자에게 복음을 전하고, 포로 된 자에게 자유를, 눈먼 자에게 다시 보게 함을 전하고, 눌린 자에게 자유케 하고 주의 은혜의 해를 전파하기 위함이다.

예수님께서는 마태복음 5장 3절에서 "심령이 가난한 자는 복이 있나니 천국이 저희 것임이요"라고 말씀하셨다. 앞의 두 개의 구절은 우리가 가난한 자, 포로 된 자, 눈먼 자, 눌린 자에게 갈 때 기름 부으심이 더욱 커질 것임을 보여준다. 심령이 가난하지 않은 자는 누구든지 하나님의 나라를 자신의 삶 속에서 찾을 수 없을 것이다. 부유하게 사는 사람들 중에도 영적으로 가난한 사람들이 너무나 많다. 그들은 자신의 영혼이 얼마나 궁핍한지를 깨닫지 않는 한 진리와 구원의 길을 알지 못할 것이다. 우리는 그들이 진리를 알도록 계속 기도해야 한다.

또한, 평범한 사람들은 시내 중심가에 살고 있는 사람들의 타락함에 대해 별다른 문제가 없는 것으로 여기지만, 시내에 사는 사람들은 자신들이 가난하고 눌리고 묶여 있다는 사실을 잘 알고 있다. 우리가 주님의 부르심에 따라 움직인다면 바로 이런 영역들에 기름 부으심이 넘쳐나게 될 것이다.

예수님은 마태복음 22장 2~10절을 통해, 천국을 자기 아들을 위하여 혼인잔치를 베푼 임금으로 비유하신다. 임금님은 많은 사람들을 초대하지만 아무도 오지 않는다. 초대받은 사람들은 각자 자신의 생업이 바빠 밭과 사업장으로 간다. 이에 화가 난 임금은 종들에게 거리로 가서 착한 자나 악한 자나 상관없이 만나는 대로 혼인잔치에 부르라고 명한다. 그 결과 혼인잔치는 손님들로 가득하게 된다. 나는 이 비유가 지금 이 시대의 거리에서 부흥이 시작될 것이라는 예언적인 그림이라 믿는다. 지금은 잃어버린 영혼들을 초대하기 위해 거리로 나가야 하는 때다. 그리스도의 빛과 생명을 나누기 위해 가장 깊고 어두운 곳으로 가야하는 때이다.

시내 중심가는 어떻게 보면 우리 속 사람과 비슷하다. 그리스도께서 우리의 삶에 들어오셨을 때, 예수님의 영이 우리의 영(속 사람)을 취하시고 강건케 하신다. 그래서 우리 존재는 그분에게 영향을 받는다. 시내 중심가가 하나님의 영으로 취해지고 강건함을 받는다면, 도시의 모든 지역이 그의 영광과 임재로 만지심을 받을 것이다. 바로 이것이 우리가 어두운 곳으로 가서 빛을 비춰야 하는 이유다. 결국,

빛은 어둠 속에 있다.

가난한 자를 통해 부유한 자에게 도달하라

역사적으로 볼 때, 가난하고 억압된 사람들이 많은 어두운 곳에서 부흥의 추수가 일어나면, 부유한 자들에게도 역시 영향이 끼치는 것을 볼 수 있다. 테레사 수녀는 내게 영웅과 같은 존재다. 테레사 수녀는 우리가 사는 시대에서 찾아볼 수 없을 정도로 가난하고 억압받는 자들을 돌본 주님의 겸손한 종이다. 그녀는 가난한 자들에게 위로와 자비를 주기 위해 그들과 함께 잠을 자고 밥을 먹었다. 테레사의 사역은 가난한 자들 중에서도 가난한 자들이 가장 많은 인도에 집중되었다. 그리고 그녀는 부유하고 훌륭한 사람들에게도 크게 영향을 끼친 한 사람이기도 하다. 또한 경제, 교육, 정치, 종교에도 크게 영향을 끼쳤다. 그녀는 유명인사, 왕, 나라의 장관, 국제기구 앞에서 연설했다. 그녀는 부하고 유명한 자들의 관심도 사로잡았다. 왜 이런 일이 일어났을까? 간단하게 말하자면, 우리에게 주님의 영이 임할 때 우리가 해야 할 일을 그녀는 했기 때문이다. 그녀가 가난한 자들과 억압된 자들을 섬길 때 하나님께서는 부한 자들도 만지셨다. 사람들은 테레사 수녀 앞에 섰을 때 마치 예수님 앞에 서 있는 것처럼 느꼈다고 말한다. 기름 부으심과 영광이 그녀에게 강하게 임했다. 주님의 영이 그녀 위에 항상 머물렀는데, 그 이유는 기름 부으심을 가난한 자들과 억압된 자들을 섬기기 위해 사용했기 때문이다.

나는 하이디와 롤랜드 베이커뿐만 아니라 홍콩에서 아편중독자들과 함께 살았던 「용을 쫓아감」(Chasing the Dragon)이란 책을 쓴 잭키 풀링거(Jackie Pullinger)와 같은 사역자들을 무척 존경한다. 그들은 자신의 삶을 가난하고 억압받고 상한 자들에게 주었다. 그들은 부유한 자들에게 사역하지 않았음에도 불구하고, 그들에게 영향을 주었다. 중산층 사람들과 부유한 사람들은 하나님께서 억압받는 자들에게 어떻게 임하시는지에 대한 간증을 듣고 만지심을 받았다. 이것은 성경적인 법칙이다. 그리스도인들은 인간의 힘으로는 할 수 없는 일을 성취할 수 있는 초자연적인 나라의 힘을 가지고 있다. 우리가 빛을 어둠 속으로 가져갈 때 이런 은혜가 임한다.

나는 부유한 사람들에게 영향을 주어 그들의 영혼을 만족하게 한 이러한 사역들을 기뻐한다. 나는 이 세상의 모든 계층의 사람들에게 다가가야 할 필요가 있다고 믿는다. 하나님은 우리를 다양한 방면으로 부르시고, 우리는 그가 부르시는 곳으로 신실하게 가야만 한다. 하지만, 이 세상의 좋은 영역에서 살고 있는 많은 자들이 주님의 만지심을 받을 준비를 하지 않고 있다. 자신의 일과 라이프 스타일을 찾는 이런 사람들은 그분께 항복할 준비를 하지 못하는 것이 지금의 현실이다. 하지만, 가난한 자들과 억압된 자들은 지금도 자신의 모든 것을 예수님께 드릴 준비가 되어 있다! 자신의 죄를 고백할 사람들이 있는지 찾아보자. 이런 사람들은 우리의 이웃에서, 거리 어디에서도 쉽게 찾을 수 있다. 기름 부으심을 가지고 그들에게 다가가는 것이야말로 주님의 영이 우리에게 임하는 이유다.

우리는 반드시 가야 한다

우리는 시내 중심가의 황폐함뿐만 아니라 사회 엘리트 층 에게도 가야하는 짐을 가지고 있다. 우리는 이것을 알아야 한다. 하나님께서는 그들이 어디에 살든지 혹은 그들이 얼마나 많이 죄를 짓든지 간에 상관없이 죄인들을 사랑하신다. 하나님은 자신의 집을 가득 채우기 위해 자비와 은혜의 혼인잔치를 마련해 놓고 계신다. 이것이 바로 주님께서 "너희는 온 천하에 다니며 만민에게 복음을 전파하라"(막 16:15)고 말씀하신 이유다. 주님은 "온 교회에 머물러라"고 말씀하지 않으셨다.

주님은 잃어버린 영혼들을 그분의 나라로 데려오기 위해 우리를 부르고 계신다. 주님은 그의 깊고 놀라운 사랑의 잔치로 모든 사람들을 초대하기 위해 거리로 가라고 우리를 부르신다. 잃어버린 영혼 하나라도 잃고 싶어 하지 않으신다. 지금은 거리로 부흥을 가져오기 위한 하나님의 추수의 시기이다. 어둠 속에 들어가 그분의 빛을 비춰라. 거리에서 이 일을 시작하자.

스테이시 켐블의 예언

스테이시 켐블은 교회를 위한 강력한 메시지인 길거리와 관계된 예언을 선포했다. 이 예언으로 깊이 있게 만지심을 받기 원한다.

이르시되 어떤 사람이 큰 잔치를 배설하고 많은 사람을 청하였더니 잔치

할 시간에 그 청하였던 자들에게 종을 보내어 가로되 오소서 모든 것이 준비되었나이다 하매 다 일치하게 사양하여 하나는 가로되 나는 밭을 샀으매 불가불 나가 보아야 하겠으니 청컨대 나를 용서하도록 하라 하고 또 하나는 가로되 나는 소 다섯 겨리를 샀으매 시험하러 가니 청컨대 나를 용서하도록 하라 하고 또 하나는 가로되 나는 장가들었으니 그러므로 가지 못하겠노라 하는지라 종이 돌아와 주인에게 그대로 고하니 이에 집주인이 노하여 그 종에게 이르되 빨리 시내의 거리와 골목으로 나가서 가난한 자들과 병신들과 소경들과 저는 자들을 데려오라 하니라 종이 가로되 주인이여 명하신대로 하였으되 오히려 자리가 있나이다 주인이 종에게 이르되 길과 산울 가로 나가서 사람을 강권하여 데려다가 내 집을 채우라

(눅 14:16~23)

또 내가 들으니 허다한 무리의 음성도 같고 많은 물 소리도 같고 큰 뇌성도 같아서 가로되 할렐루야 주 우리 하나님 곧 전능하신 이가 통치하시도다 우리가 즐거워하고 크게 기뻐하여 그에게 영광을 돌리세 어린 양의 혼인 기약이 이르렀고 그 아내가 예비하였으니 그에게 허락하사 빛나고 깨끗한 세마포를 입게 하셨은즉 이 세마포는 성도들의 옳은 행실이로다 하더라(계 19:6~8)

마지막 때가 다가올수록, 신부의 사랑을 이해하는 것이야말로 신부가 점점 더 신랑을 닮아가게 만드는 것이라고 믿습니다. 신부는 결혼을 위해 의로운 행위로 자신을 순결하고 깨끗하고 거룩하게 할 것이며, 신부의 드레스는 신랑에 대한 사랑을 나타내게 될 것입니다.

그때에, 신랑은 신부에게 자신의 사랑이 얼마나 크며 자신의 마음이 얼마나 큰지를 이전에는 보여 주지 않았던 방법으로 계시할 것입

니다. 신부는 이런 계시를 취하여 신랑을 점점 닮아가기 시작할 것입니다. 이런 사랑에 이끌려, 신부는 그녀가 이전에는 가보지 못했던 곳으로 가게 될 것이며, 가난한 자와 눈먼 자, 불구자와 절름발이에게 가게 될 것입니다. 그곳에서 신부는 의로운 일을 시작하게 될 것입니다.

신랑은 신부를 보고 신부는 신랑을 보게 될 것입니다. 예수님께서 말씀하신 큰 사랑이 신부에게 더욱더 넘쳐나게 될 것입니다. 그리고 신부는 그녀에게 은혜를 갚지 못할 자들을 위해 전례가 없는 옷을 입고 삶을 내려놓게 될 것입니다.

예수님께서 십자가에서 행했던 사랑처럼 신부 또한 그 사랑을 시작할 것입니다. 그리고 교회 안에는 더 큰 사랑과 더 큰 일들이 넘쳐나게 될 것입니다. 사람이 친구를 위하여 자기 목숨을 버리면 이에서 더 큰 사랑이 없다고 하였듯이 주님이 요구한 것을 행한다면 우리는 그의 친구가 됩니다(요 15:13~14).

마지막 때에는 대 추수가 있게 될 것입니다. 이 추수는 예수님께서 가라고 하는 곳이면 어디든지 가길 원하는 종들을 통해서 일어납니다. 그들은 거리와 아무도 가지 않았던 곳에 십자가를 세울 것입니다.

주님께서 우리에게 도전을 주십니다. 그가 말씀하십니다. "오라. 모든 것이 예비 되었고 혼인잔치가 준비되었도다. 나의 영광 곧 긍휼의 영광, 자비의 영광, 온유의 영광, 진리의 영광, 용서의 영광, 정의의 영광을 나타낼 의로운 행위로 너 자신을 준비하여 혼인의복을 예비하라. 너 자신을 예비하라. 나도 그날을 준비하고 있다."

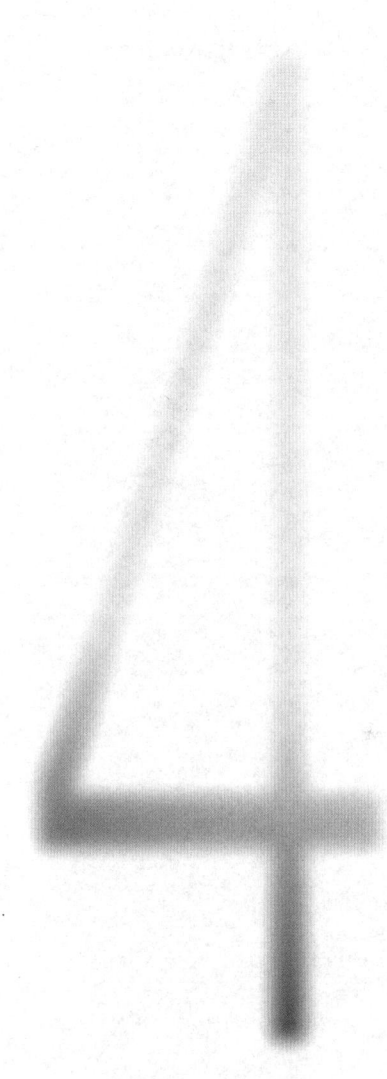

CHAPTER

제4장 예언전도

예수의 증거는 대언의 영이라(계 19:10)

　능력 있는 전도를 위한 훌륭한 도구 중 하나는 예언이다. 예언의 폭넓은 사용이 커다란 추수를 가져오고 있다. 존 폴 잭슨과 같은 사역자는 많은 사람들을 만지기 위해 꿈 해석을 사용하는 팀을 이끌고 있다. 그들은 주요한 나라나 국제적인 행사장에 가서 비그리스도인들과 만난다. 더그 애디슨은 뉴 에이지와 주술집단에게 복음을 전하기 위해 예언의 은사를 사용하는 사역자다. 그래함 쿡은 사업자들에게 예언하고 주님을 믿지 않는 기업가들에게 하나님의 음성을 듣는 법을 가르친다. 그의 노력의 결과 많은 사람들이 구원받았다. 캘리포니아 레딩의 벧엘교회 목사인 빌 존슨은 예언전도의 선두주자이다. 그는 거리에서 뿐만 아니라 사업가들과도 만난다. 다른 사람은 정치지도자들과 영화 산업에 있는 높은 직위의 사람들에게 예언한다. 미디어 예언사역 또한 잃어버린 자들을 향한 예언의 메시지를 담고 일어나고 있는 중이다. 예언의 은사를 전도에 사용하는 개념은 급속하게 퍼지고 있으며 매우 효과적이라는 사실이 증명되고 있다. 예언은 지금 추수시기를 위한 은사이다.

거듭났을 때부터, 난 잃어버린 자들을 향한 열정이 있었다. 전도팀을 이끌고 거리로 나가서 전도 소책자를 들고 관심 있어 하는 사람들에게 복음을 전했다. 우리의 스타일은 공격적이며 초점이 있었다. 우리는 문이 열려 있든 닫혀 있든 간에 예언과 기적에는 분명한 은혜가 있다는 사실을 믿었다. 하지만, 우리는 대부분 이런 은사를 믿는 자들에게만 사용했다. 나는 거리에 있는 사람들을 그리스도께로 인도하기 위해 격려하는 예언의 말을 듣고 싶은지를 물어본 적이 한 번도 없었다.

그리스도와 함께 한 첫 14년 동안, 난 전도로 먹고 자고 숨 쉬었다. 나는 잃어버린 자들에게 다가가 영혼들을 하나님의 왕국으로 데려오는 것을 사랑했다. 하지만, 1990년에 모든 것이 바뀌었다. 멕시코에서의 열두 달 동안의 사역을 뒤로하고, 론과 나는 캐나다의 집으로 돌아왔다. 그리고 몇몇 방법을 가지고 매일 전도했지만, 무언가가 바뀌어서 난 동기를 잃은 것 같았으며, 거리에서의 하나님의 기름 부음과 은총은 없었다. 아무도 내 말에 흥미가 없었으며, 아무도 그리스도를 받아들이지 않았다.

교회를 섬길 때는 좋은 열매와 만질 수 있는 기름 부음으로 축복받았다. 하지만, 거리에서의 나는 공허하고 메말랐다. 내가 퇴보하는 건지 궁금하고 혼돈스러웠다. 어느 날, 주님은 나에게 오셔서 말씀하셨다. "나는 지금 이 시기를 위한 전도자(잃어버린 자들을 위한 사역)로써 너를 취하며, 부흥(그리스도의 몸을 섬김)을 위해 섬기는 자로 너를 부르노라."

나는 "이 시기"를 자연적인 계절과 같은 3개월 정도로 생각했다. 하지만, 하나님의 시간은 우리의 것과 매우 다르다. 교회를 섬기는 일을 끝내고, 그 뒤로 12년 동안 잃어버린 자들을 위해 매우 조그만 사역을 했다. 2000년 겨울에, 복음을 위한 새 가죽부대에 대한 이해가 오기 시작했다. 독일로부터 온 사도이자 친구인 월터 하이드리히가 브리티쉬 콜럼비아 주의 켈로우나에 있는 우리 교회를 방문했다. 우리 교회는 1987년도에 성령님의 방문을 통해 예언의 넘침으로 국제적으로 알려졌었다. 월터는 우리의 예배나 기도모임을 통해 믿는 자들이 위로의 예언을 받는 일에 대해 박수를 쳤다. "하지만" 그는 말했다. "잃어버린 자들에 대해서는 어떠합니까? 구원받지 못한 사람은요? 왜 그리스도인들이 마트나 가게 어디든지 가서 예언의 말을 하지 않죠?" 왜 우리 교회가 그러지 않았지? 난 왜 그러지 않았을까? 난 궁금했다.

그의 메시지는 나에게 큰 감동을 주었다. 우리는 서로 위로가 필요할 때 예언을 해줌으로써 서로를 축복했다. 심지어 우리 교회 안에 예언의 은사가 넘치지 않을 때에는 스티브 슐츠의 Elijah List와 같은 사역들을 통해 쉽게 위로를 받았다. 하나님이 누군지 몰라서 하나님의 음성을 듣지 못하는 사람들을 향한 대답은 무엇인가? 그들의 삶을 향해 선포되어지는 예언적인 축복을 경험하지 못한 사람들은 어떠한가? 월터의 권고는 믿는 자들이 편안한 환경에서 벗어나 그리스도의 사랑을 주기 위해 예언의 은사를 사용하고 거리에 위로를 쏟아놓도록 도전을 주었다.

나는 기꺼이 믿지 않는 사람들에게 도달하기 위해 예언의 은사를 사용했다. 그래서 나는 전략과 더 많은 이해를 하게 해달라고 하나님께 기도했다. 이 기도가 Extreme Prophetic 학교를 세워지게 했다. Extreme Prophetic의 전체적인 아이디어는 극단적인 사랑을 담은 하나님의 예언을 상점이나, 거리나, 어느 곳이든지 믿지 않는 사람이 있는 극단적인 장소에 가져가는 것이다. 우리의 첫 학교와 전도여행은 2000년 여름에 열렸다. 나는 스테이시 캠블과 토드 벤틀리에게 도움을 요청했고, 그들은 예언학교의 200명의 학생들을 훈련시키고 가르쳤다. 믿지 않는 자들에게 다가갈 수 있는 창조성을 하나님께 구하자, 극단적인 아이디어들을 우리에게 주셨다.

부스터 쥬스에서의 '무료 영적인 읽기'

교실에서의 수업을 마친 뒤에, 12개의 전도여행 팀이 구성되었다. 스테이시는 켈로우나 시내에 있는 부스터 쥬스라고 불리는 한 카페에 한 팀을 데리고 가 '무료 영적인 읽기'를 제안했다. 우리는 그것을 "영적인 읽기"(Spiritual Reading: 예언전도의 다른 표현-역주)라고 불렀다. 왜냐하면 성령님께서 믿지 않는 자들이 교회나 종교에 대한 거부감을 가지고 있기 때문이라고 경고하셨기 때문이었다. 교회적이고 설교적인 전도여행팀을 만드는 것보다 단지 성령에 대해 말할 때 예언에 대해 좀 더 마음을 열수 있을 것이라고 성령님께서 말씀하셨다.

우리는 '무료 영적인 읽기'로 정했다. 왜냐하면, 복음은 공짜이기 때문이다.

무료: 예수님은 "거저 받았으니 거저 주어라"(마 10:8)고 말씀하셨다.
영적인: 왜냐하면 성령의 은사를 영적인 은사로 말한다.
읽기: 왜냐하면 하나님은 우리의 삶의 목적을 읽으시고 희망과 미래를 선포하시기 때문이다.

우리는 온 시내를 돌아다니면서 전단지를 붙이며 외쳤다. "무료 영적인 읽기가 오늘 부스터 쥬스에 있습니다!" 아무도 영적인 읽기가 무엇인지를 우리에게 물어보지는 않았지만, 무엇인지 알고 싶어 하는 것같이 보였다.

예언사역을 위해 카페를 열었을 때, 많은 사람들이 부스터 쥬스 앞에서 줄을 서서 기다렸다. 스테이시는 카페에서 두 팀을 인도하고 있었다. 너무 많은 사람들이 예언을 받고 싶어 해서 우리는 세 번째 팀을 투입했다. 나중에는, 예언사역 두 팀을 더 추가해 가게의 구석에서 사역했다. 다섯 팀들이 사역함에도 불구하고, 사람들은 여전히 길게 줄을 서서 기다렸다. 조그만 켈로우나 시에서 너무나 많은 사람들이 그들을 향한 하나님의 계획을 듣고 싶어 했다.

한 남자는 점심시간을 이용해 45분 동안 기다렸다. 그는 영적인 읽기를 받지 못하고 다시 일하러 돌아갈까 봐 매우 걱정이 되어 앞에 줄 서 있는 사람에게 양보할 수 없는지 물어보았다. 이것이 사람들이 가진 영적인 굶주림이다.

예언의 말을 듣기 위해 들어온 어느 한 친구는 예언을 통해 정말 난폭한 오토바이 폭주족으로 드러났다. 그는 커다란 팔로 가슴을 끌

어안았다. 얼굴은 굳어졌고, 그의 눈은 딱딱함과 절망, 두려움들로 가득했다. 특정한 지식의 말을 통해, 그는 자신의 마음을 주님께 열고 예수님을 구주로 받아들였다. 한 전도여행팀이 머무는 동안, 7명 이상의 사람들이 주님을 알기 위해 왔고, 더 많은 사람들이 깊은 만짐을 받았다. 이 모든 것이 몇 시간 동안에 쥬스 카페에서 일어난 일이다.

창조적인 예언전도 여행

다른 전도여행팀은 스케이드보드 공원 옆 곁길에서 젊은이들을 위해 분필로 예언적인 그림을 그렸다. 몇몇 예언적인 예술팀들은 사람들에게 노래와, 시, 초상화를 통해 예언을 했다. 한 팀은 공원으로 가서 씻을 수 있는 예언적인 문신을 어린이들의 팔에 새겨주면서, 그들의 삶을 향한 하나님의 소망의 말을 해줬다. 그들의 부모들은 매우 깊은 만지심을 받았고, 아이들은 새로운 문신으로 기뻐했다.

가정방문팀은 이웃들을 방문해 각각의 가정을 위해 기도했다. 다음날, 그들은 각 가정마다 선물을 나눠주며 하나님께로부터 들은 예언의 말과 축복들을 나누었다. 사람들은 정말 좋아했다. 대부분이 가정방문팀을 위해 문을 열어 가정을 위한 축복의 기도를 받았다.

예언으로 충격을 주다

우리는 첫 전도여행의 저녁식사를 통해 많은 위로를 받았다. 우리 중 몇몇은 고아들을 돌보는 국제기관의 리더이자 개인적인 친구인 랄프와 도나 브롬리와 함께 저녁식사를 했다. 중국인 교환학생이 이 부부의 집에 몇 개월간 머물고 있는 중이었다. 그는 굉장히 공손하고 친절한 듯 보였으나, 자신 스스로를 공산주의자라고 선언하고 복음을 접하든 말든 복음을 믿지 않기로 결정했었다. 그날 저녁, 그 중국인 학생도 저녁식사에 초대되었다.

식사를 두고 가벼운 대화를 나누는 동안, 우리는 그날 부스터 쥬스에서 열렸던 무료 영적인 읽기에 대해 말했다. 그러자, 이 중국인은 서투른 영어로 "아, 무료 영적인 읽기가 뭔가요?"라고 물었다. 우리는 그에게 하나님께서 어떻게 사람의 모든 것들을 아시고, 어떻게 특별한 말로 위로하시는지를 나누었다. 우리는 단순하게 그에게 물었다. "당신에게 연습을 해도 될까요?"

그는 호기심을 가지고 응답했다. 우리는 거실의자에 앉아 40분 이상을 그를 위해 예언했다! 주님은 그의 과거와 미래, 개인적인 꿈 그리고 주님 이외에는 그 사람에 대해 알 수 없는 영역에 대한 것들까지 말씀하셨다. 모든 예언이 끝나자, 중국인 학생은 자신이 받은 충격을 감추지 못했다. 그는 자신의 깊은 마음에 있는 것을 말했다. "이제 제가 무엇을 해야 합니까?"

이날 밤, 열정적인 전도자인 린다 팔론은 이 중국인 학생을 그리스도께 인도하였다. 며칠 뒤, 우리는 그가 성령의 충만함으로 방언 말하기를 위해 기도하였다. 몇 주 뒤에, 그는 몇몇 대학 친구들을 초대하여 우리에게 예언사역을 받도록 했다. 그가 친구들에게 말했다.

"아. 브롬의 집에 와서 무료 영적인 읽기를 받아 봐." 4명이 예언사역을 받았고 하나님의 방법대로 깊은 성령님의 만지심을 받았다. 그리고 그들은 자신의 삶을 주님께 드렸다. 이 모든 것의 씨앗은 브롬리의 집에서 첫 날밤에 심은 것이다.

이때 이후로, 이 귀중한 경험을 학교와 전도여행팀에게 매번 가르친다. 우리는 라스베가스의 카지노와 심령가게, 할리우드의 거리들, 암스테르담의 매춘굴, 쿠웨이트의 빈민가, 밴쿠버의 마약에 중독된 사람들이 모인 골목 등 극단적인 장소를 찾아가 하나님의 사랑과 위로를 나눈다. 우리는 부자들과 가난한 사람들, 젊은이와 늙은이, 고학력자와 미취학자들에게도 예언한다. 우리 학생들 중 대부분이 자신의 고향에서 예언적인 전도여행을 위한 팀을 세우기 위해 비전을 품고 아이디어를 구상하고 있다.

심령술 모임과 공공행사

한 여성이 무료 영적인 읽기 부스를 심령술 모임과 공공행사장 안에 설치했다. 많은 사람들이 하나님의 음성을 듣기 위해 길게 줄을 서서 기다렸다. 겨우 4일 간의 행사 동안 수백 명의 사람들이 그리스도께 돌아왔다.

예언적인 음악 아티스트들도 뉴 에이지적인 환경에 그들의 은사를 가지고 들어가고 있는 중이다. 켈로우나에 있는 우리 교회의 예배인도자이자 예언적인 음악가이자 작곡가인 놈 스트라우스는 뉴에이지 교회에 예배인도로 초청받았다. 그들은 놈의 음악을 너무 좋아해서 다시 돌아올 것을 요청했다. 또한, 놈과 그의 밴드는 믿지 않는 자들을 위한 홈 콘서트를 열었다. 그들이 예언적으로 노래하고 간증을 나눌 때, 그 모임에 주님의 능력이 다양한 방법으로 임하였다.

우리 팀 멤버의 몇몇은 지역사회에 유명한 서점으로 가서 매달마다 시인들이 서로 만나는 정기모임에 참석해 자신들의 예언적인 시를 읽었다. 믿지 않는 자들은 그들의 시에 깃들어 있는 열정에 사로잡혔다. 예언의 결과로 그들은 깊이 있게 만지심을 받으며 울기도 했다.

예언전도를 위한 비전은 널리 퍼지고 있다. 잃어버린 자들은 예언전도를 사랑한다! 구원받지 못한 자들은 그들 자신보다 더 큰 능력을 찾고 있다. 그들은 그들의 인생의 목적으로 인도할 말들을 찾고 있다. 교회는 이러한 말들을 그들에게 할 필요가 있다. 만약 우리가 하지 못한다면, 그들 모두는 심령술, 타롯 카드, 손 점, 그리고 다른 거짓예언과 같은 적의 속임에 넘어가게 될 것이다. 진리와 거짓의 차이는 근원에 있다. 많은 사람들이 진리를 경험한 적이 없다면 어떻게 차이점을 알 것인가? 사람들은 예언에 굶주려 있고 교회인 우리는 하나님의 진리를 옮긴다.

예수님의 예시

예언전도에 대한 가장 좋은 예시는 주님이 사마리아 여인을 우물가에서 만났던 요한복음 4장 1~42절에서 찾을 수 있다. 예수님은 긴

여행 중, 쉬시기 위해 우물가에 머무셨다. 예수님이 회당이나, 성전, 혹은 교회에 머무시지 않았던 점을 주목하라. 그는 공공장소인 거리에 계셨다. 여인이 물을 긷기 위해 우물로 왔을 때, 예수님은 대화를 시작하셨고, 예언적인 계시를 나누셨다. 그녀는 자신의 삶에 관한 너무나도 많은 것을 예수님이 아신다는 것에 깜짝 놀랐다. 예언적인 통찰력은 그녀의 마음을 따스하게 했고, 활짝 열게 만들었다. 그때 예수님은 자신이 메시야이심을 나타내셨고, 이 여인은 복음 전도자가 된다. 그녀는 예수님을 믿고, 그 즉시, 물동이를 버려두고 자신의 마을에 복음을 외치기 위해 돌아간다. 그들은 그녀의 열정적인 초대와 권고에 예수를 보기 위해 나온다. 39절을 보자. "여자의 말이 내가 행한 모든 것을 그가 내게 말하였다 증언하므로 그 동네 중에 많은 사마리아인이 예수를 믿은지라" 그녀는 예언적인 전도자가 되었다. 사실, 예수의 증언은 예언의 영이다(계 19:10)!

사마리아 여인의 전도에 관한 최고의 부분은 41절과 42절이다. "예수의 말씀으로 말미암아 믿는 자가 더욱 많아 그 여자에게 말하되 이제 우리가 믿는 것은 네 말로 인함이 아니니 이는 우리가 친히 듣고 그가 참으로 세상의 구주신 줄 앎이라 하였더라" 예언은 그들의 마음 문을 열고 예수 그리스도가 구원자이시며 메시야라는 계시의 씨앗을 심는다. 계시를 통해, 구원에 이르게 된다.

죄인들이 구원을 받기 위한 유일한 계시가 있다. 그리스도를 받아들일 필요가 있는 모든 사람은 마음을 변화시키는 계시의 빛을 받아야 한다. 이것은 확신을 가져온다. 영감을 받은 후에는 믿음이 태어난다. 이것은 당신과 내가 구원받기 위해 필요한 모든 것이다. 반항과 무법에 대한 죄의 자각은 진리이신 그리스도에 대한 계시 안에서 발견된다. 예언의 은사는 마음을 열기 위한 강력한 도구이다.

공원에서

전도여행 기간 중, 도나 브롬리와 나는 팀이 도움이 필요한지를 알기 위해 여러 그룹을 돌보고 있는 중이었다. 우리는 전도여행을 위한 공원의 한 지점에 도착했다. 잔디 위에 한 그룹의 깡패들이 앉아 있었다. 나는 도나에게 말했다. "우리 좀 재미있게 해볼까?" 우리들은 깡패들이 앉아 있는 곳으로 다가갔다. "안녕, 친구들" 나는 50세가 넘은 몸으로 어린 아이처럼 기대감을 가지고 말했다. "우리는 마을에 있는 한 학교에서 왔는데, 하나님으로부터 사람들의 부르심에 대한 특별한 말씀을 듣는 법을 배운단다. 하나님은 너희들의 과거, 현재 미래 모든 것을 다 아셔. 너희를 상대로 우리가 연습을 해도 되겠니?"

그들은 우리를 조롱하고 비웃었다. 하지만, 나는 계속 그들에게 말했다. "만약, 너희 중에 한 명이라도 연습을 허락한다면, 우리에게 도움이 크게 될 거야."

젊은 청년 중 하나가 팔짱을 끼고, 조금 주저하면서 말했다. "저에게 해보세요. 근데 지금 하시는 게 심령술인가요? 아니면 심령술과 비슷한 건가요?"

나는 그에게 기회를 준 것에 대해 크게 감사했다. 그리고 나는 우리는 심령술사가 아니라, 하나님에 대한 것과, 하나님은 모든 것을 아시고 우리에게 말씀하신다고 설명했다. 나는 그에게 하나님의 말씀을 위해 기도하고 그분의 응답을 기다려야 할 필요가 있다고 말했다.

"하든 말든!" 그는 좀 인내심 없이 대답했다.

나는 머리를 숙이고 조용히 주님께 외치며 기도했다. "오 하나님, 저에게 무언가를 말씀해 주셔야 해요. 지금 제 안에는 아무것도 느껴지지 않아요." 몇 초 뒤, 나는 어떤 인상을 주님께 받았다. "와, 뭔가를 받았어요. 정말로 무슨 일이 일어나는군요." 나는 흥분한 채로 말했다.

"무엇을 받았나요?" 젊은이가 물었다.

"음, 지하실에 대한 환상을 봤어요. 제가 생각하기로는 아마도 당신은 지하실에 살았을 거예요. 그리고 얼마 전에 누군가가 당신에게서 무엇인가를 훔쳤어요." (주님은 마리화나가 있는 가방이 도난당했다는 것을 보여주셨으나, 난 이 부분을 자세하게 그에게 말하지 않았다) "그리고, 그 도둑이 당신의 친구라는 사실을 알고는 마음이 많이 상했어요. 왜냐하면 당신은 그 친구를 진심으로 도와주려고 했었거든요."

"미치겠군!" 그는 외쳤다.

난 물어봤다. "왜? 제가 뭔가 잘못했나요?"

"아뇨, 정말로 일어난 일이예요! 그분이 뭘 더 말씀하세요?"

나는 계속 말을 했다. "음, 하나님께서는 당신이 어떻게 느꼈는지를 정확하게 이해하고 계시다는 것을 저에게 보여주세요. 왜냐하면 하나님도 항상 그런 일을 당하셔서 그래요. 하나님은 모두를 믿으시지만 사람들은 하나님을 믿지 않거든요. 그분은 당신이 얼마나 상처받았는지 이해하세요!"

그들의 친구들이 주의 깊게 듣는 동안 우리는 계속적으로 예언적인 위로로 사역했다. 마지막에 나는 그에게 물었다. "음, 어땠나요? 1에서 10으로 점수를 매긴다면 몇 점이죠?"

그는 대답했다. "오, 10점이에요!" 그의 열렬한 반응은 우리가 더 이상 자원자를 구할 필요가 없다는 걸 의미했다. 다른 젊은 청년이 말했다. "다음은 저에게 해주세요."

차례대로, 우리는 한 명을 제외한 모두에게 예언했다. 이 시간 동안, 예언을 거부한 한 사람은 매우 호전적이고 불쾌하게 행동했다. 비록 그가 비웃고 저항했지만, 나는 다른 사람들보다도 더 그에게 다가가 예언하기를 원했다.

모두에게 사역이 끝난 후에, 주님께서 나의 마음에 강하게 말씀하셨다. "그에게 예언하지 말라." 그 메시지는 강하고 분명했다. 우리에게는 복음을 전하기 위한 하늘로부터의 어떠한 기사와 표적 그리고 강한 확증은 필요하지 않다. 우리는 이미 2,000년 전에 하신 예수님의 말씀에 따른 대위명령을 수행해야 한다. 또 우리는 예언하기 위해 우리를 푸는 특정한 말씀이 필요가 없다. 왜냐하면 성경이 우리에게 권고하고 있기 때문이다. 지상에서의 시간 동안, 우리는 복음의 우물을 관리하고, 은사를 거두고, 그것들을 묻지 않게 주의해야 한다. 이것은 주님께서 기뻐하시는 일이다. 하지만, 주님께서 "아니"라고 말씀하실 때는 더 좋은 이유가 있기 때문이다.

모든 젊은 청년이 예언적인 말씀으로 뜨거웠고 그들은 저항하는 친구에게 적극적으로 사역을 받도록 권고했다. 어느 정도 지나서, 나는 시계를 보고 말했다. "이런, 우리는 이제 가봐야 해요. 보고시간에 늦을 것 같아요."

한 사람이 물었다. "케빈은 어쩌고요? 그는 아직 아무런 말도 듣지 못했어요."

그는 계속적으로 우리를 비웃었다. 하지만, 나는 그가 정말로 예언의 말씀을 원한다는 걸 알았다. 하지만, 하나님의 말씀에 순종해, 이렇게 대답했다. "미안해요. 우리는 정말 가야 해요." 그들은 일어나 작별의 손을 흔들었다. 그들을 둘렀던 영적인 기운이 변했다. 우리는 그날 그들을 주님께로 인도하지 못했다. 하지만, 우리는 그들의 마음이 진리에 열리도록 많은 씨앗을 심었다.

우리는 교실로 돌아가 예언한 것에 대한 간증들을 서로 나눴다. 다음 날, 네덜란드에서 온 학생의 그룹이 암벽을 타기 위해 절벽으로 가는 중이었다. 그들이 공원을 지나는 동안 젊은 남자들이 있는 것을 보고 영적인 읽기를 하기로 했다. 독일 학생이 그들이 무엇을 훈련하고 있으며 어떻게 하나님의 음성을 듣는지를 설명하고 그들에게 연습해도 되는지를 물어봤다.

놀랍게도, 젊은 남자들이 말했다. "금발머리의 여자를 어제 다른 공원에서 만났는데 하나님의 말씀이라며 말했었어요. 혹시 같은 학교에서 왔나요?" 네덜란드팀은 즉시, 이 사람들이 어제 보고시간에 들었던 그 '깡패들'이라는 사실을 알았다.

하나님께서 나에게 예언하지 말라던 케빈이 말했다. "그들이 어제 저에게 예언을 안 해줬어요." 학생들이 케빈과 그 친구들에게 예언을 했다. 3명의 영혼이 그리스도께 믿음을 드렸고 다음날 교회에 나오도록 초청받았다.

거리에서 넘쳐나는 예언

내쉬빌에서 짐 골의 컨퍼런스를 마친 후에, 우리는 거리에서 젊은 커플들을 찾아가기로 결정했다. 비록 늦은 밤이었지만 거리는 활기를 띠었다. 하나님의 약속을 예상하고 우리는 텔레비전 카메라를 들고 다녔다. 우리는 거리 구석에서 기타를 치는 그리스도인을 만나 예언을 했다. 기타 반주자에게 예언을 하고 카메라에 그 모습을 담고 있을 때, 사람들이 우리 주변에 몰려와 무엇을 하는지 물었다. 곧, 우리는 거리에서 모두에게 예언을 했다. 예언의 말씀을 듣기 위해 기다리는 사람들의 조그만 줄이 생겼다.

한 동료는 친구에게 권유를 받고 예언을 받기 위해 줄을 서서 기다리고 있었다. 그는 자신에게 무슨 일이 일어나는지를 몰랐다. 그래서 우리는 그를 위해 기도하고 몇몇 예언적인 위로를 해주었다. 이 회의적인 사람은 전혀 감동받지 않았다. "흥, 누구나 나에게 그런 말은 해줄 수 있어요. 어떻게 제가 그것이 하나님으로부터 온다고 알겠어요? 너무 식상하네요. 저에게 좀 더 특별한 걸 말해 봐요." 다시 우리는 기도하고 다른 말을 주었으나 그는 만족하지 못한 듯 보였다.

비록 그가 우리에게 무례하게 행동했지만, 우리는 겸손함과 온유함으로 반응했다. "음, 당신의 삶을 향한 축복의 말은 이제 다 한 것 같군요. 우리는 최선을 다했어요. 만약 당신이 특별한 방법으로 하나님의 만지심을 받지 못했다면 죄송하군요. 하나님은 당신을 매우 사랑하세요."

나는 바로 다음 순서를 기다리는 한 사람에게 크게 감동했다(그 사람은 마리화나를 피우는 사람이 분명했다). 그가 말했다. "이것에 대해 의견이 있는데요. 나누고 싶군요. 제가 생각하기에는 하나님께서 당신에게 말씀하길 원하신다고 생각해요. 그래서 하나님께서는 이 사람들을 통해서 당신을 돕기를 원하세요. 하지만, 당신은 전혀 듣지 않아요! 아마도 당신에게는 이런 종류의 상처가 있거나 아니면 마음에 벽이 있을 거예요. 이게 제 생각이에요. 당신은 이 좋은 사람들의 말을 들어야 해요." 이 말을 듣고 그는 뒤로 물러나 담배를 피우기 시작했다.

심지어 사울 왕도 선지자들과 함께 있을 때 예언을 했다. 베드로는 성령이 모든 사람들에게 부어질 것이라고 예언했다. 심지어 주님을 믿지 않는 사람들도 예언이 임하는 곳에 있을 때 예언할 수 있다.

훌륭한 열쇠

예언은 복음의 진리에 마음을 열게 하는 훌륭한 열쇠다. 단 한 마디의 예언이라도 사람의 삶을 영원히 바꿀 수 있다. 예언의 표현방법을 어떻게 하는지는 문제가 되지 않는다. 당신은 예언의 위로를 그림을 그리고, 시를 쓰고, 축복을 적고, 거리에서 사람들을 만나고, 가정을 방문하고, 예언적인 노래를 하고, 또는 성령님에 의해 영감된 다른 창조적인 것을 통해 다른 사람들에게 나눌 수 있다. 하나님께서 무엇을 말씀하시든지 단순하게 실행하고 전진하라. 하나님의 음성을 듣기 위해 귀를 열어 당신이 어디를 가든지 그분의 사랑을 나누고 위로를 주라. 다음 장에서는 예언하기가 얼마나 쉬운지를 보게 될 것이다.

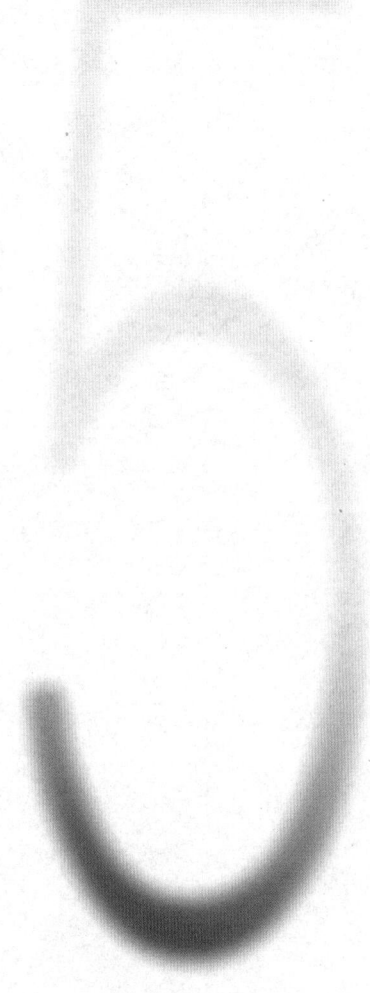

CHAPTER

제5장 예언하기는 쉽다!

모든 사람으로 배우게 하고(고전 14:31)

예언은 자주 사람들의 마음에 신비로움과 놀라움을 준다. 정확하게 말해서, 모든 그리스도인들은 예언할 수 있는 능력이 있다. 예언에 대해 언급한 성경구절을 이해한다면 이런 사실은 아주 단순하면서도 자연스럽다. 고전 14장 31절에는 "너희는 다 모든 사람으로 배우게 하고 모든 사람으로 권면을 받게 하기 위하여 하나씩 하나씩 예언할 수 있느니라"라고 말하고 있다. 사도 바울 역시 믿는 자들에게 "사랑을 추구하며 신령한 것들을 사모하되 특별히 예언을 하려고 하라"(고전 14:1)고 권면한다. 웹스터 사전에는 예언은 '성령의 영향력 아래 말하는 은사'라고 정의하고 있다. 사도행전 2장 17절에서 베드로는 모든 사람들에게 성령이 부어져, 그 결과 많은 사람들이 예언하게 될 것이라고 예언했다.

성령님은 사람이 거듭나게 될 때에 그 사람 안에 거하신다. 그분 없이 우리는 거듭날 수 없다. 예수님께서 니고데모에게 "육으로 난 것은 육이요 영으로 난 것은 영이니"(요 3:6)라고 말씀하셨다. 다른 말로, 성령님께서 내주하게 될 때에 사람은 다시 영으로 태어난다는 의미다. 성령님은 예수님의 영이시다(이 부분은 우리의 육과 혼과 영에 성령님의 권능으로 내면을 가득 채우는 성령세례와는 다른 것이다).

성령님의 유산은 성령의 은사다. 당신이 성령님을 모실 때, 그분의 은사가 당신 안에 거하게 된다. 거듭난 사람은 믿음으로 이 은사들을 행한다. 진정한 예언의 은사는 예수 그리스도의 마음과 예수 그리스도 그분 자체를 드러낸다. 참 예언과 거짓 예언의 차이는 그 근원이 어디에 있는가에 있다. 심령술과 주술적인 예언은 사람의 마음과 사단적인 영에 그 근원을 둔다. 하지만, 예수 그리스도는 참된 예언적인 영감의 근원이시다.

나는 그리스도께 돌아오기 전에 뉴에이지와 주술에 관여되었었다. 다양한 경험에 현혹되었었지만, 나는 특별히 어릴 때부터 영적인 것을 경험하고 아는, 영적으로 민감한 사람은 아니었다. 하지만, 나는 영적인 배고픔이 있었다. 뉴에이지의 예언 방법들을 배우기 위해 다양한 수업에도 참여하였다. 다양한 원리를 적용하고, 실제로 사람들에게 연습함으로 예언을 표현할 줄 아는 사람이 되었다. 이런 추구는 매우 위험한데, 왜냐하면 자신도 모르는 사이에 악한 영에 깊이 관계하게 되기 때문이다. 뉴에이지나 주술에 있는 사람들은 대부분 매우 친절하며 아무에게도 상처를 주고 싶어 하지 않는다. 사실, 그들 중 대부분은 사랑스러우면서도 영적인 배고픔이 있는 사람인데, 그들은 자신도 모르는 사이에 조금씩 절망으로 빠지고 있다는 사실을 알지 못한다.

나는 회심 후에 성경에 기록된 사실을 알고 모든 주술과 뉴에이지를 끊었다(신 18:9~14, 행 19). 나는 축사사역을 받았고 성령으로 다시 거듭났다. 축사사역을 받은 뒤, 몇 달 동안, 우리 교회는 성령의 은사에 대한 가르침을 받았고, 나는 예언에 대해 배웠다. 맞다. 나는 예언을 배웠다. 당신도 나와 마찬가지로 예언을 배울 수 있으며, 예언을 말로 표현하기 위해 하나님을 신뢰하는 믿음에 대한 몇 개의 열쇠를 받을 것이다.

많은 사람들이 예언의 은사는 한 개인이 성령의 권능을 덧입는 특별한 순간에만 예언할 수 있을 것이라고 생각한다. 이런 생각도 맞긴 하지만, 우리는 오직 하나님의 신적인 방문에만 하나님을 제한해서는 안 된다. 하나님은 믿음으로 모든 언약적인 말씀에 우리가 들어오길 초청하셨다. 그리스도께서 십자가에서 모든 일을 이루셨지만, 하나님의 모든 축복은 이미 그 이전부터 모든 믿는 자들에게 부어진 것이다(엡 1:3, 벧후 1:2~4).

예언적인 능력과 선지자의 직함과는 차이가 있다. 선지자의 직함은 사람이 아닌 하나님에 의해 부여된다. 하나님께서 알맞는 자리에 선지자를 세우시며, 선지자는 주님의 몸에 한 부분으로 역할을 수행하게 된다. 하나님의 나라에는 그 어디에도 독립적인 영을 위한 공간은 없다. 선지자의 역할은 예언할 뿐만 아니라, 그리스도의 몸을 재무장시키는 것이다. 그래서 많은 신자들이 예언의 능력 안에 자라도록 돕는 것이다. 선지자의 직함을 받은 예언자는 권위를 가지고 예언하고 재무장시키고 나누어주는 능력을 가진다(엡 4:11~13).

예언은 모든 믿는 자들이 할 수 있다. 예언은 믿음으로 하는 성령의 은사이다. 예언은 하나님의 목적을 듣고 볼 수 있을 뿐만 아니라, 무엇인가를 깨닫게 되는 하나님의 백성에게 있는 능력이다. 예수님께서는 "내 양은 내 음성을 들으며 나는 그들을 알며 그들은 나를 따르느니라"(요 10:27)고 말씀하셨다. "타인의 음성은 알지 못하는 고로 타인을 따르지 아니하고 도리어 도망하느니라"(요 10:5). 참된 예언의 근원은 성령과 예수님에 대한 증언이라는 사실을 다시 강조하고 싶다(계 19:10). 거짓 예언은 인간적인 마음, 세상의 소리, 사단적인 것이 될 수 있다. 우리는 참된 하나님의 음성을 듣는 훈련이 필요하다.

예언하기는 쉽다

우리는 자주 우리의 삶이 그분의 나라 안에서 복잡할 것이라고 생각하지만, 사실 하나님은 모든 것을 이해하기 쉽도록 만들었다. 우리가 그분의 진리를 따라 믿음으로 걸을 때, 그리스도께 연결된 삶을 살아가는 것은 쉬워진다. 예언의 열쇠는 간단하게 하나님의 음성을 분별하는 것이다. 우리가 알다시피, 주님은 그의 자녀에게 말씀하신다. 이것은 그의 생각에 우리의 생각을 조율하는 것이다. 그분의 음성을 한 번 듣기만 한다면, 하나님과 직접 대화하는 것이 가능해진다.

믿는 자들이 예언할 수 있도록 돕는 아주 좋은 훈련학교가 있다. 우리 사역에서는 이틀 동안 열리는 신병훈련소에서 예언의 기초를 가르친다. 학생들이 얼마나 빨리 예언의 기름 부음이 있는 강으로 뛰어드는지를 보는 것은 놀라운 일이다. 이런 신병훈련소들은 아주 재미

있고 유익하다. 이 학교를 수료한 뒤에, 대부분의 사람들이 하나님의 음성을 이미 몇 년 전부터 듣고 있었지만, 그것이 하나님의 음성인지를 모르고 있었다는 사실을 깨닫게 된다.

예언을 위한 마음의 준비

예언의 은사를 사용하기 위한 가장 중요한 것은 바로 하나님의 성품을 개발하는 것이다. 마음의 동기는 반드시 순수해야 한다. 그렇지 않다면 예언을 더럽히게 된다. 난 이것을 근원이 깨끗한 저수지에 비유한다. 당신이 마시는 한 잔의 물은 저수지로부터 공급된다. 이 물은 파이프를 따라 먼 여행을 한 후 수도꼭지에 도착한다. 이 물이 깨끗함에도 불구하고 파이프가 부식되었다면 우리는 배탈이 날 것이다. 그 결과, 우리의 몸은 병에 걸릴 수 있다. 성령의 예언적 기름 부음은 그 근원(당신의 영)에 따라 순수해질 수 있고, 당신의 죄(파이프의 녹)에 따라 더러울 수도 있다. 하나님 앞에서 우리의 마음상태는 항상 중요하다. 우리가 구원받지 못한 자들에게 예언의 은사로 섬길 경우, 우리의 성품이 반드시 그리스도의 성품을 나타내야 하는데, 그렇지 않을 때는 우리의 간증은 더럽혀지게 된다. 우리의 마음이 순결하지 않다면, 더러움과 정죄와 잘못된 성품으로 섬기게 될 것이다.

1. 한 마음

예언하기 위해 우리의 마음을 준비할 때, 우리는 주님께 순복할 필요가 있다. 하나님께 삶을 드리고자 하는 마음이 있는가? 그분보다 더 사랑하는 것이나 사람이 있는가? 예언을 효과적으로 하기 위해서는 우리는 오로지 하나에만 초점을 맞추어야 한다. 예수님은 우리의 마음을 사랑과 지혜로 다스리길 간절히 원하시며 갈망하신다. 우리는 매일 시간을 내어 우리의 삶에 예수님께서 어디에 계신지를 항상 점검해야 한다.

2. 자세

주님을 기다리는 자세를 취할 때 그분의 음성을 듣게 되고 그분께로부터 좋은 것을 받을 수 있게 된다. 분주함과 매일의 생활에 대한 염려는 주님의 음성을 듣는 것을 어렵게 만든다. 산만함은 마음의 혼란에서부터 온다. 우리의 자세를 바로 하고 성령님께 순복함으로 하나님과의 관계를 최우선에 두어야 한다.

3. 회개

아직 회개하지 않은 죄를 고백하기 위해 성령님을 초청하는 시간을 가져라. 만약 당신이 어떤 죄를 깨닫게 된다면, 그 죄로부터 돌아서서 주님의 용서를 구하라. 요일 1장 9절에는 "만일 우리가 우리 죄를 자백하면 저는 미쁘시고 의로우사 우리 죄를 사하시며 모든 불의에서 우리를 깨끗케 하실 것이요"라고 약속되어 있다. 예언을 넘치게 하지 못하게 하는 모든 정죄들을 회개해야 한다.

4. 어린 아이와 같은 마음

다윗은 "내 중심이 젖 뗀 아이와 같도다"(시 131:2)라고 말했다. 다윗은 또한 기이하고 복잡한 일을 걱정하지 않았다. 예언의 말은 우리가 어린 아이와 같은 동심으로 돌아갈 때 제일 좋은 것을 받을 수 있다. 우리는 하나님의 약속을 상속받은 언약의 자녀이다. 아이들은 부모의 공급을 받고 즐거워한다.

5. 믿음

당신도 예언할 수 있다. 이것을 믿어라. 에베소서 1장 3절에 비추어 볼 때, 당신은 하늘에 속한 모든 복을 받은 사람이다. 이것은 예언의 은사를 포함한다. 베드로후서 1장 3절에서도 생명과 경건에 속한 모든 것을 우리에게 주셨다고 기록되어 있다. 당신은 예언을 할 수 있는 모든 것을 이미 가지고 있다. 하지만, 은사는 믿음으로 활성화되어야 한다. 예언할 때에, 하나님께서는 말씀하시는 분이신 것과 당신에게 말씀하실 것을 믿어야 한다. 마찬가지로, 당신이 섬기는 사람에게 하나님께서 축복하기 원하신다는 사실도 믿어야 한다. 그럴 때, 당신은 하나님의 마음을 알게 되고, 그 사람을 향한 특별한 말을 들을 수 있게 된다. 하나님께서 그 사람에게 보여주고 싶어하는 것을 당신을 통해 주실 수 있다는 사실을 믿어라. 예언의 은사는 항상 믿음으로 작동된다.

6. 겸손함과 종 됨

예언의 은사는 자신을 나타내기 위해 사용되어서는 안 된다. 이 은사는 하나님의 축복으로 다른 사람을 섬기기 위한 것이다. 믿지 않는 자에게 예언을 한다는 것은 커다란 특권이다. 대부분의 믿지 않는 사람들이 하나님의 사랑과 격려를 받는 영광을 알지 못한다. 우리는 예언의 능력을 과시하는 자세나 동기로 예언하지 않는다. 대신 겸손하게 그들을 사랑하고 섬긴다. 우리는 예언할 때 항상 사람들이 예수님께 초점을 맞추도록 한다.

7. 신실함

처음 예언을 시작할 때, 자신에게는 타인에게 나누어 줄 것이 없다고 느낄 수 있다. 내가 처음 예언할 때에는, 대부분의 경우 하나의 말을 기본적으로 했었다. 그 말은 상당히 단순하지만, 가장 탁월한 말이다. 바로 "하나님께서 영원한 사랑으로 당신을 사랑하십니다."이다. 내가 이 말로 대부분의 사람에게 예언하게 되리라곤 생각지 못했다.

예언하기 시작한 지 1년이 지난 후에, 우리 교회의 한 성도가 나에게 말했다. "패트리샤, 난 당신이 무엇을 예언할지를 예언할 수 있어요." 나는 이 말이 무슨 뜻인지 궁금했다. "당신은 이렇게 말하죠. '하나님께서 당신을 사랑하세요' 그리고는 추가로 '영원한 사랑으로'라는 말을 붙이죠." 그는 나의 모든 예언적인 말들이 비슷하게 들린다는 사실을 깨닫게 해주었다. 나는 이 사실을 몰랐다. 매번 예언으로 사람들을 섬길 때마다 그 말씀은 나를 새롭게 하였다. 기대감을 가지고 하나님을 기다린 후 그분이 말씀하신다고 느끼는 것을 간단하게 말했다. 나의 예언적 수준은 너무 단순했다. 하지만 매번 나는 신실하게 걸어나갔고, 신선한 말을 하나님께서 주실 것을 믿었다. 결국 나는 예언의 유창함과 권위가 자라기 시작했다. 아주 작은 신실함이라도 가지고 나간다면, 하나님은 이것을 증가시킬 것이다.

예언전도 훈련 시, 믿지 않는 자에게 예언하는 것을 힘들어 하고 두려워하는 사람들에게 "하나님께서 영원한 사랑으로 당신을 사랑하십니다."라고 말하도록 격려한다. 이 말은 이 세상의 모든 사람에게 진리이다. 그 어떠한 예언보다, 이 단순한 5개의 어절로 구성된 문장이 거리의 사람들을 눈물 흘리게 한다. 이 말의 능력은 정말로 놀랍다!

하나님의 음성을 듣기 위한 방법

하나님은 다양한 방법으로 사람들에게 말씀하시지만, 대부분은 '하나님의 생각'으로 볼 수 있는 그림이나 감동으로 말씀하신다. 이미 예언의 은사를 가지고 널리 사역하는 예언자나 선지자들은 대부분 이런 두 가지 경로를 통해 하나님의 음성을 듣는다. 때때로, 그들은 입신을 경험하거나, 열린 환상, 천사의 방문, 혹은 들을 수 있는 음성을 경험하기도 하지만 하나님과의 대화는 일반적으로 생각이나 그림으로 온다.

1. 하나님의 생각

하나님께서는 당신과 연결되기 위한 목적으로 영을 주셨다. 우리의 생각은 이런 영과 연결되어 있다. 하나님은 생각을 통해 이성적인 사고를 할 수 있는 능력을 주셨다. 이 부분은 자주 하나님과 연결될 수 있다. 생각은 영적인 성장을 위해 절대적으로 필요한 영역이다. 하나님은 당신의 마음에 그분의 생각을 말씀하신다. 그래서 그 생각이 하나님의 것인지 아닌지를 인식하는 방법을 배워야 한다. 생각들은 우리 자신의 생각이나 사단, 세상의 영향, 혹은 하나님의 영감으로부터 나온다. 그러므로 우리는 그 근원을 분별하는 데 익숙해져야만 한다. 하나님으로부터 오는 말씀은 사랑스럽고, 의로우며, 친절하고, 순수하고, 진리를 깨우치게 하고, 위로와 지혜가 충만하다.

우리의 생각은 결코 하나님이 아닌 것들로 채워지도록 창조되지는 않았다. 하지만 인류의 타락으로 죄가 들어왔다. 지금, 우리는 성령이 아닌 것들로 자주 오염되어진다. 당신의 생각 속에 하나님의 음성을 채우기 위해 준비해야 할 것은 바로 당신의 마음을 깨끗하게 하고, 주님께서 사용하시도록 허락하는 시간을 가지는 것이다. '하나님의 생각'을 당신에게 주시도록 하나님을 초청하면 그분은 그렇게 하실 것이다.

하나님의 생각을 받을 수 있는 능력을 성장시키기 위한 한 가지 방법은 저널(Journal: 하나님의 음성을 듣고 기록하는 노트, 역주)과 성경을 준비하고 주님께 질문하고, 그분의 대답을 듣는 것을 훈련하는 것이다. 이 과정을 '주님께 묻기'라고 부른다. 다윗은 자주 주님께 물었으며 당신도 이렇게 할 수 있다. 주님께 묻기 전에 먼저 기도로 당신의 생각을 깨끗하게 하라. 모든 더럽고 불결한 생각들로부터 용서를 받기 위해 하나님을 초청하라. 악한 영에게는 "너의 음성을 거절한다"라고 선포하라. 사단의 영향력을 예수님의 이름으로 묶고 육적인 본능으로부터 오는 모든 생각들을 쫓아내라. 하나님께서 우리에게 들려주기 위해 준비하신 것을 우리의 생각에 부어주시도록 성령의 충만함을 구하라.

"하나님, 저를 사랑하세요?" 당신은 이런 간단한 질문을 주님께 물을 수 있다. 그 후, 하나님의 대답을 기다리고 그 질문에 대한 대답을 저널에 기록하라. 물론 이런 질문은 평범하고 또한 이미 이 대답에 관한 많은 해답을 알고 있을 것이다. 하지만, 이 질문은 하나님의 음성을 듣기 위한 좋은 출발점이다. 좀 더 많은 특정한 대답을 듣기 위해 다른 질문들을 할 수도 있다. 또한, 저널에 당신을 향한 하나님의 대답을 기록할 수 있다. 그리고 나서 이에 대한 계시를 항상 성경적인 내용이나 하나님의 성품과 일치하는 지를 확인하라. 주님의 영적인 음성을 듣는 일에 더 헌신한다면, 더 많이 듣게 될 것이다.

하나님과 동행하던 어느 날, 나는 더 많은 특별한 계시를 갈망했다. 식당에서 몇 명의 친구들과 함께 앉아 있을 때, 나는 주님께 여종업원이 좋아하는 색이 무엇인지를 물었다. '빨간색'이라는 생각이 내 마음에 떠올랐다. 나는 손수건에 빨간색이라고 적었고 또 주님께 그녀가 가장 좋아하는 고기가 무엇인지를 물었다. '쇠고기'라는 생각이 내 마음에 떠올랐다. 그녀는 주문을 받기 위해 우리가 앉아 있는 식탁으로 다가왔다. 난 그녀에게 물었다. "죄송합니다만, 당신이 가장 좋아하는 색이 무엇인지 말씀해 주실 수 있나요?"

"물론이죠. 빨간색을 제일 좋아합니다."

"와, 맞췄군요." 난 흥분하며 그녀에게 계속 말을 걸었다. "제가 하나님께 당신이 좋아하는 색이 무엇인지를 물어봤어요. 그러자 하나님이 '빨간색'이라고 말씀하셨죠. 여기 손수건을 보세요. 제가 여기 적어 놓았어요. 우리는 지금 하나님의 음성을 듣는 법을 배우는 시간(우리는 이 당시 Extreme Prophetic 학교를 라스베가스에서 하고 있었다)을 보내고 있어서 우리가 배운 것을 연습했어요. 맞으니 너무 기쁘네요."

그녀가 대답했다. "정말요? 신기하군요. 그러니까 당신 말은 정확히 하나님께서 제가 좋아하는 색깔이 무엇인지를 말씀하셨다는 거예요?"

그때 난 다시 그녀에게 물었다. "예. 당신이 좋아하는 고기는 무엇인가요?"

그녀가 대답했다. "어… 보자. 닭고기를 좋아해요."

난 하나님의 첫 번째 대답을 다시 살펴보면서 그녀에게 설명했다. "오. 제가 틀렸군요. 저는 하나님께서 '쇠고기'라고 말씀하셨다고 생각했는데요."

그러자 그녀가 대답했다. "잠깐만요. 쇠고기 맞아요. 제가 제일 좋아하는 요리는 필레미뇽(소 허리살, 역주)이에요. 잠시 잊어버리고 닭고기라고 말했네요." 여종업원이 물었다. "하나님께서 다른 건 말씀하지 않으시던가요?" 그 후, 그녀는 우리가 앉아 있는 식탁에 자주 찾아왔고 계속 복음을 들었다. 여종업원을 위한 계시를 받는 일은 재미있었다. 그 결과, 그녀는 계시의 저자에게 마음을 열고 그리스도를 영접했다.

2. 하나님의 그림

하나님께서 그분의 생각을 우리의 생각에 나타내시는 것처럼, 그분은 우리의 상상력에 그림을 그리신다. 우리의 상상력은 하나님으로부터 오는 그림을 받기 위해 만들어진 환상 센터다. 우리는 우리에게 있는 상상력을 사용하지 않는 한 결코 환상을 보는 경험을 하지 못할 것이다. 상상력은 환상을 볼 수 있도록 하는 마음의 장소이다.

이 분야를 깨끗케 하는 일은 매우 중요하다. 우리는 육적이고, 악하고, 정욕적인 상상들을 하도록 유혹받는다. 잘못된 상상들을 용서받도록 하나님께 구하고, 그분의 목적에 맞추어 다시 우리 자신을 가다듬는 작업이 반드시 필요하다. 생각을 청소하기 위해, 모든 악하고 육적인 영향력을 결박하고 악한 영의 이미지가 묶이도록 명령해야 한다. 환상 센터를 세우기 위해 성경에 있는 예언적인 환상들을 묵상하는 것은 좋은 방법이다. 성경에 기록된 예언자들의 환상을 상상하고 또한 마음의 눈으로 그것을 보기를 시도하라. 하면 할수록 당신의 상상력은 더욱 민감해질 것이다.

사람들을 위한 특별한 그림을 보여 주시도록 주님께 구하라. 어느 날 저녁, 할리우드 보울바드(극장가)에서, 우리는 그리스도를 알지 못하는 한 멋진 신사와 함께 좋은 대화를 나누고 있었다. 대화를 나누는 동안, 하나님은 내게 좋은 음식이 차려진 예식장의 식탁 그림을 보여 주셨다. 예수님은 그 사람을 식탁에 앉히시고는 그를 섬기기 시작하셨다. 이 환상을 이야기하자, 그는 웃었다. 난 이 환상에 대한 해석을 그와 나눴다. 그가 나에게 물었다. "제가 왜 웃었는지 알고 싶지 않으세요?"

난 대답했다. "알고 싶네요."

그가 열정적으로 설명했다. "제 직장이 예식장이거든요." 이 작은 예언적 그림이 그 남자의 마음을 예수님이 어떤 분이신지 더 알고 싶도록 만들었다. 그리고 그는 예수님을 구주로 받아들였다.

어떻게 진리와 거짓을 분별하는가?

사람들은 자주 나에게 어떻게 자신이 받은 생각이 하나님의 것인지를 아는 지 물어본다. 이것은 좋은 질문이다. 우리는 항상 그 근원을 시험하기 원한다. 진리의 예언적인 말씀을 테스트하기 위한 몇 개의 유용한 다림줄을 아래에 적어보았다.

- **예언은 덕과 권면과 위로를 위한 것이다.** 고린도전서 14장 3절에 보면 예언의 말은 자신이 섬기는 사람에게 아브라함과 같이 복의 근원으로 부르심을 받았고 또한 다른 사람을 축복하게 될 것이라는 격려를 담고 있어야 한다(창 12:2). 하나님께 이것을 질문해 보라. "이 말씀이 격려를 주는가? 내가 섬기는 사람을 축복하게 될 것인가? 그를 세우거나 위로를 줄 수 있는가?"

- **예언은 성경을 벗어나지 않는다.** 요한복음 17장 17절을 볼 때, 하나님으로부터 온 진정한 예언은 하나님의 말씀을 결코 벗어나지 않을 것이라는 사실을 알게 된다. 당신의 계시를 지지하기 위해선 성경을 항상 찾아야 한다.

- **하나님의 성품을 나타낸다.** 고린도전서 13장은 하나님은 사랑이시고, 친절하시며, 자비로우신 분이라는 것을 보여 준다. 그는 진리와 의가 충만하시다. 참된 예언의 말은 결코 무례하거나, 혐오스럽거나, 정죄하거나, 비판하거나, 자랑하거나, 부도덕하지 않다. 참된 예언은 항상 "예수의 영은 대언의 영"(계 19:10)이라는 말씀처럼 하나님의 구원의 은혜를 항상 나타낸다. 예수님은 구원자이시다. 그리고 예언의 영은 그분의 구원사역을 나타낸다.

- **증거를 준다.** 참된 예언은 그 예언이 무슨 뜻인지를 당장 알지 못하는 사람의 마음 안에 증거를 줄 것이다.

- 자주 외부적인 환경을 통해 확정된다. 당신이 누군가에게 예언을 말할 때, 그들의 삶에서 일어난 상황을 통해 그 예언이 참이라는 사실이 확정될 수 있다.

- 그 일이 벌어졌는가? 만약 예언의 말씀이 미래적인 일로 왔을 경우 이 예언이 성취되었는가 여부가 중요하다.

예언 안에서 자라남

- 연습은 점점 더 완전하게 한다. 예언할 수 있는 기회를 많이 가져야 한다. 예언을 사용함으로써 더 많은 예언을 가져올 수 있다. 기도 세미나에 많이 참석한다고 기도의 용사가 되는 것이 아니라, 기도를 함으로써 기도의 용사가 된다. 모든 기술은 연습을 통해서 완벽해진다. 이 원칙은 예언과 전도에 있어서도 동일하게 적용된다. 행위 없는 믿음은 죽은 것이다. 예언은 믿음으로 활성화된다. 연습 또한 은사다.

- 저널링은 예언의 은사를 보다 성숙하게 만드는 데 도움을 준다. 하나님께서 말씀하신 것을 저널에 적고 성경을 연구함으로 그것이 옳은지 옳지 않은지를 구별하라. 하나님께서 당신에게 보여 주신 것을 묵상하기 위해 다시 저널을 볼 수 있다.

- 좋은 지도자와 동역자들과의 관계는 중요하다. 당신의 삶을 지도해 줄 수 있는 영적인 권위자나 성숙한 동료에게 순복하라.

- **틀린 것은 바로 고쳐라.** 만약 당신이 실수했다면 겸손하게 인정하라. 자기 방어적인 자세를 가져서는 안 된다.

- **이세벨의 영을 극복하라.** 이세벨의 영은 예언의 은사를 공격하는 악한 영이다. 이세벨은 위협적인 생각과 정죄로 믿음으로 나아가지 못하도록 한다. 우리가 뒤로 물러가도록 위협하는 것에는 굴복하지 않아야 한다.

토론토 공항교회를 섬기는 캐롤 아놋은 그녀가 '예언전도'라는 용어를 좋아하지 않는 이유를 우리 팀에 설명해 준 적이 있다. 그녀는 '예언전도'라는 단어가 어떤 특별한 능력이 있어야만 다른 사람에게 다가갈 수 있을 것이라는 느낌을 일으킨다고 했다. 다음 글은 그녀가 우리 팀에게 준 메시지 중 하나이다. 난 캐롤의 말이 당신에게도 격려가 될 것이라고 믿는다.

> 하나님은 모두를 사랑하십니다. 그는 그리스도를 믿든 안 믿든 간에 관계없이 이 세상의 모든 사람에게 관심을 가지고 계십니다. 하나님께서 그들을 돌보신다는 사실을 알게 하기 위해 믿지 않는 자들에게 하나님의 음성을 들려주는 것은 매우 중요합니다. 하나님께서는 쉽게 화를 내시거나 정죄하시는 분이 아니라, 사랑의 하나님이라는 사실을 모든 사람들이 알아야 합니다. 심지어 우리의 삶에 끔찍하고 해로운 일이 일어나더라도, 하나님은 여전히 사랑과 긍휼로 충만하시며 모든 사람들을 치유하고 자유케 하시기를 원하십니다! 하나님께서 그들을 돌보시며 사랑하신다는 것을 알게 될 때,

그들의 삶은 바뀝니다. 주님을 알지 못하는 자들에게 다가가는 방법들이 많이 있지만, 하나님의 사랑을 경험하게 하기 위해 그분의 음성을 듣고 위로를 주는 일보다 더 좋은 방법이 어디 있을까요? 전 이것 때문에 예언전도에 대해 많은 관심을 가지고 있습니다. 우리는 교회 안에서 많이 예언을 넘치게 했습니다. 하지만, 우리는 이 예언을 거리와 시장으로 가져가야 합니다. 저희 교회에도 기본적인 예언적 격려의 말씀만을 가지고 거리로 나가 믿지 않는 자를 섬기는 몇몇 사람들이 있습니다. 간증들은 이미 넘치고 있습니다. 믿지 않는 사람들은 기름 부음 있는 참된 말씀을 갈망하고 있습니다. 우리는 사람들의 갈망에 대한 대답으로 부르심을 받았습니다.

그러나 많은 신자들이 '예언' 이나 '예언적인' 이라는 용어에 위협의식을 느낍니다. 그들은 아주 낮은 수준의 예언의 은사라도 사용하기 위해서는 그들의 삶에 어떤 특별한 만지심이 있어야 한다고 느낍니다. 물론, 이것은 진리가 아닙니다. 그리스도께서는 우리의 마음 가운데 계십니다. 비록 우리가 선지자의 직함을 받을 정도의 부르심이 없다 할지라도, 모든 신자는 하나님의 음성을 들을 수 있으며, 그분의 사랑과 격려를 나눌 수 있습니다. 용어나 이미지나 기대의 함정에 빠지지 마십시오. 저는 개인적으로 예언적이 되어야 한다는 사실보다 주님과 친밀함을 누리는 것을 더 좋아합니다. 당신이 만일 이처럼 그분께 초점을 맞추고 관계를 가진다면 예언은 자연스럽게 흘러나올 것이며, 이 말씀은 믿지 않는 자들에게 흘러갈 것입니다. 이 모든 것은 친밀함 속에서 넘쳐납니다. 우리의 아버지와 친밀하게 될 때, 그곳에는 두려움도, 무엇인가를 해야 한다는 부담감도 없이 기쁨과 사랑만이 넘쳐나게 될 것입니다.

저에게 있어서는 '예언전도' 라는 용어는 두려움을 줍니다. 저는 자주 예언의 말씀을 가지고 거리로 나가야 한다는 생각에 부담감을 느낍니다. 저는 단지 아빠의 손을 잡고 그의 인도하심을 따르기를 좋아합니다. 그와 함께 동행한다면, 그의 마음을 이해하게 됩니다. 그때 그분의 음성을 듣게 됩니다. 이것이 예언적이 된다는 말의 모든 것입니다. 우리가 주님과 함께 친밀함을 누린다면, 사람들은 그분께 이끌리게 될 것입니다. 이것은 우리를 이끄시는 하나님의 사랑스러운 임재입니다. 만약 '예언전도' 와 같은 단어에 우리의 초점을 맞추게 된다면 우리를 혼란스럽게 하고 신경 쓰이게 할 것입니다. 하지만, 우리가 하나님께 초점을 맞추면 이것은 매우 쉬워집니다. 간단하게 말하자면, 그분은 우리와 항상 함께 계시며 또한 다른 사람을 축복하기 위해 우리에게 필요한 것을 주실 것입니다. 이것은 우리에 대한 것이 아니라, 우리가 해야 할 일에 관한 것입니다. 이것은 그분에 관한 것이며, 그분이 우리를 통해 하시고자 하는 일입니다.

내가 누군가에게 복음을 전하고 있을 때, 그분께서도 그곳에 계실 것입니다. 내가 아픈 사람을 위해 기도할 때에도 그분께서는 그곳에 계실 것입니다. 예언적인 격려를 할때에도 나는 그분이 그곳에 계시며 영감을 주시기에 만족합니다. 동일하게 그는 내가 기도할 때에도 계시며, 소킹(Soaking: 하나님의 임재에 잠기는 시간, 역주) 시간에도 계십니다. 내가 어디를 가든지 그분도 계시며 내가 무엇을 하든지 그분도 하십니다. 그분의 임재는 항상 그곳에 있습니다. 아버지의 손을 잡은 채로 그가 일하시는 것을 보는 건 참 재미있습니다.

예언을 표현하는 방법

예언의 은사는 하나님의 사랑을 명확하게 표현하는 간단한 한 가지 방법이다. 전도할 때에 예언을 표현하는 많은 방법들이 있다. 창조적이 되어라! 그분의 손을 잡고 그가 어디서 어떻게 인도하시는지를 보라. 말을 통해 예언을 표현할 수 있을 뿐만 아니라, 글로 적거나 혹은 그림으로 그리거나, 춤을 추거나, 음악을 통해 표현하거나, 시를 적을 수도 있다. 교회나, 식당, 공공장소, 버스정류장, 지하철, 길거리, 일터, 학교, 집 어디서든지 섬길 수 있다. 어디에든지 사람들은 있다. 성령님께서 직접 하시듯이 당신은 예언할 수 있다.

만약 당신 안에 성령님께서 거하신다면, 당신도 예언할 수 있다! 예언하기는 쉽다! 믿지 않는 자들이 격려 받고 축복받기 위해 기다리고 있다. 마른 뼈들이 다시 살아나기 위해 기다리고 있다. 어두움은 빛을 받기 위해 기다리고 있다. 예언하라! 당신도 할 수 있다!

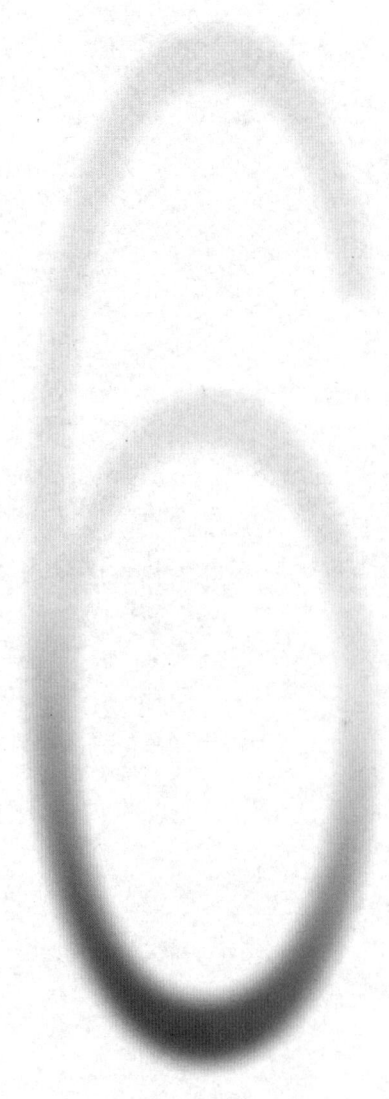

CHAPTER

제6장 선한 혁명의 시작

> 하나님이 나사렛 예수에게 성령과 능력을
> 기름 붓듯 하셨으매 저가 두루 다니시며 착한 일을 행하시고
> 마귀에게 눌린 모든 자를 고치셨으니
> 이는 하나님이 함께 하셨음이라
> (행 10:38)

이전 장에서 예언을 통해 하나님의 능력이 어떻게 주의 자녀들에게 임하여 기적을 일으키는가를 다루었다. 하나님께서는 그의 교회를 초자연적인 영역으로 인도하고 계신다. 우리는 다른 차원-그리스도의 기름 부음과 능력이 있는-의 놀라운 빛이 어두움을 침범하는 일을 보게 될 것이다. 예수님은 성령과 능력으로 기름 부음을 받았다. 무엇을 위한 기름 부음과 능력인가? 이것은 어떤 효과를 가지고 있는가? 사도행전 10장 38절에 기록되기를, 예수님은 성령과 능력으로 기름 부음을 받았으며, "착한 일"을 행하셨다. 하나님의 기름 부음과 능력은 예수님께서 하신 것처럼 선한 일을 넘치게 한다.

하나님은 선한 분이시다. 우리는 복음을 위해 부르심을 받았다. 그분의 본성과 나라에 관한 모든 것은 선하다. 선한 것을 어둠 속으로 옮기는 일은 믿는 자들이 할 일이다. 당신은 이 책을 읽으며 이렇게 생각할지도 모른다. "난 예언하거나 기적을 일으킨 적이 없어!" 아직

당신은 그분의 영역 안에 들어갈 준비가 되어 있지 않았을지도 모른다. 하지만, 모든 사람은 성령의 기름 부으심 아래 선한 일을 행할 수 있다. 당신은 예수님께서 선한 일을 행하실 때 사용하셨던 것과 동일한 능력을 사용할 수 있다. 때때로, 사랑과 믿음 안에서 행한 아주 간단한 일이 구원의 큰 기적을 일으킬 수 있다.

빵 한 조각과 메모지 한 장

세상에 많은 사람들은 조그만 친절을 알지 못한다. 몇 년 전, 내 아들이 어릴 때 아이들을 위한 성경공부 클럽을 운영했었다. 우리는 이웃에 있는 많은 아이들을 초청했다. 우리 집에서 몇 집 건너 사는 두 명의 형제는 주님의 강력한 만지심을 받았다. 그 결과, 그들은 예수님을 영접했다. 그 집은 항상 커튼이 쳐져 있었으며, 그들의 어머니는 내가 한 번도 만나 본 적이 없었다. 소문으로는 그녀가 무속과 관계있다는 것 정도만 알고 있었다. 그 소년들은 나에게 어머니가 우울증에 시달려서 밖으로 잘 나가지 않는다는 사실을 알려줬다.

어느 날, 가족을 위해 빵을 굽고 있을 때, 4인분으로 만든 빵이 5명이 먹어도 충분할 만큼 커졌다는 것을 알게 되었다. 갑자기, 주님께서 그 소년들의 어머니를 축복하기를 원한다는 감동을 주셔서 여분의 빵 조각을 포장하고 아주 작은 메모지에 글을 썼다. "예수님께서 당신을 사랑하십니다. 좋은 시간 되세요!" 그날 오후, 소년들은 빵 한 조각과 메모지 한 장을 어머니께 들고 갔다.

몇 달 후에, 매일 그 여자를 위해 기도하는 나 자신을 발견했다. 그녀의 아이들은 계속 우리와 함께 주일학교에 참석하고 있었지만, 여전히 내가 어머니를 만난 적은 한 번도 없었고 전화를 해도 받지 않았다. 어느 날, 그녀의 집에 찾아가 그녀의 집을 방문해야 한다는 감동을 느꼈다. 초인종이 울린 후 얼마 뒤, 문이 소리를 내며 열렸고, 한 여자의 얼굴을 문 틈 사이로 볼 수 있었다. 나 자신을 소개하고 잠깐 집에 들어가도 되는지를 물었다. 그녀는 단조로운 억양과 또박또박 말하는 말투로 "제가 당신의 집에 가는 게 더 좋을 것 같군요."라고 말했다. 난 그녀에게 우리 집에 오면 기쁠 것이라고 대답했다. 그녀는 15분 뒤에 만나자고 말했다.

15분 뒤에, 초인종이 울리고 문이 열렸다. 난 상당히 겁에 질린 얼굴을 한 여자를 보았다. 새까맣게 염색한 머리, 창백한 얼굴, 생기 없는 눈, 마른 몸, 너무 단조로운 억양은 죽음과 소망 없음을 나타내고 있었다. 완전히 검은 옷차림은 여자가 병든 것 같이 보여졌다.

우리는 함께 커피를 마셨다. 첫 대화는 왠지 불안했다. 그녀는 나의 질문에 한 마디로 대답하고 어떠한 말도 추가적으로 하지 않았다. 그것뿐만 아니라 그녀는 나와 대화하는 동안 계속 벽만 쳐다보고 있었다. 오랜 시간이 지난 후, 그녀는 자신의 감정적인 고통을 나에게 나누기 시작했다. 우울증 때문에 2년 동안 집을 나가지 못했고, 알코올중독의 문제는 상황을 더욱 악화시켰다. 그 여자는 수치와 가치 없음의 겉옷을 입고 있었다.

나는 복음을 전하고 그리스도를 영접하도록 그녀를 초청했다. 그녀는 주님을 영접한 후, 아주 살짝 웃었다. 그녀는 부서질 것 같은 연약한 손으로 자신의 검은색 지갑에서 무언가를 꺼냈다. 그것은 조그만 메모지였다. "당신이 이것을 기억하실지 모르겠어요. 몇 달 전에 당신이 저에게 한 조각의 빵과 이 메모지를 주셨죠. 내가 사랑받는다는 말을 다른 사람에게 들은 것은 처음이었어요. 매일 난 이 메모지를 읽었답니다. 나의 마음에 크게 와 닿았어요. 친절하게 대해줘서 고마워요."

이 조그만 선행을 통해 그녀가 복음을 받아들이게 되었다. 그녀는 교회성도가 되어 계속 더 나아지고 행복해지고 있다. 그녀를 생각할 때마다, 한 조각의 빵과 친절한 메모지가 그녀의 삶을 변화시켰다는 사실이 계속 떠오른다. 하나님에 의해 축복받는 그녀의 삶은 이제 그녀의 가족에게 커다란 영향을 주고 있다. "하나님의 인자하심이 너를 인도하여 회개케 하신다"(롬 2:4).

선한 혁명의 시작

그래함 쿡은 "이 세상에 수많은 부패와 폭력, 부정이 많은 것이 문제가 아니라, 선이 충분하게 많지 않은 것이 문제다"라고 하였다. 그는 어떻게 그의 교회가 매일 이웃들을 만나고 선을 행했는지 설명했다. 잔디를 깎고, 창문을 닦아 주고, 개와 함께 산책을 해주고, 의사와의 약속시간을 맞추기 위해 차를 몰아주고, 쇼핑도 해줬다. 그들은 이웃이 무엇을 원하고 있는지를 먼저 파악하고 그들을 만났다. 그 결과, 이웃들의 영적인 기후도가 드라마처럼 바뀌었다. 모두가 행복해하고, 친해졌으며, 몇몇은 그리스도께 나왔다. '선행팀'은 긍정적인 반응을 이끌어냈다.

선을 행한다는 것은 누군가가 축복을 받는 이득이 있을 뿐만 아니라, 선을 행하는 사람은 정말로 자신이 착하다는 느낌을 가지도록 하는 장점이 있다. 이것은 모두가 이기는(win-win) 상황이다. 모두가 축복을 받았다! 그래함의 제안은 내 안에 선한 혁명을 시작할 수 있는 영감을 불어넣었다. 그리스도의 몸이 선한 일을 위해 기름 부음을 사용한다면, 도시의 영적 기후를 변화시킬 수 있을 것이다.

선 앞에 두려움과 패역함은 그 힘과 영향력을 잃는다. 예수님은 선한 일로 악함과 싸우라고 우리에게 가르치셨다. 선한 일은 강력한 힘이다. 솔로몬 때 성전 낙성식에서 제사장들은 그 성전 안으로 들어가지 못했는데, 주님의 영광스런 임재가 그 성전을 가득 채웠기 때문이다(대하 7장을 보라). 불이 하늘로부터 떨어지고, 영광으로 가득 찬 성전을 보라. 모든 사람은 그 자리에서 쓰러졌고 하나님을 찬양하였다. "선하시도다 그 인자하심이 영원하도다"(대하 7:3).

그래함의 말이 끝난 후, 난 우리 팀에게 선한 혁명을 시작할 것을 제안했다. 이 혁명으로 인해 재미있는 사건들이 많이 일어났다. 그 해 여름, 12명으로 구성된 우리 팀이 3개월 이상 계속 한 집에 머물렀던 적이 있다. 우리는 선한 일이 상당한 전염성이 있는 것을 보았다. 한 사람이 선한 일을 시작하면, 다른 사람은 예절 바르게 반응했다. "비록 제가 잘 할 줄은 모르지만 설거지를 도와드릴게요. 왜냐하면 저는 선한 일을 하기로 선택했거든요." 그러면 누군가가 대답한다. "아뇨,

괜찮아요. 고마워요. 설거지는 제가 할 테니까 가서 쉬세요." 다른 사람이 옆에서 거든다. "이봐요, 우리 모두 설거지하는 게 어때요? 나도 돕고 싶어요."

우리는 매일 누가 먼저 가서 모두를 위해 커피를 타 올 것인지 경쟁했다. 왜냐하면 모두가 대접하고 섬기기를 원했기 때문이다. 우리는 다른 사람들을 섬기기 위해 함께 밖으로 나갔다. 이웃의 잔디를 깎아주고, 필요한 사람에게는 식료품을 나눠주고, 마트에서 차로 짐을 옮기는 일들을 도와줬다. 우리가 함께 이 일을 하니 모두가 재미있어 했다. 나는 모두가 선한 혁명을 시작하기로 결정한다면 가정과 가족들의 관계와 영적인 흐름은 변한다고 믿는다. 직장에서, 교회에서, 학교에서, 그리고 이웃에게 선한 일을 시작하라. 한 번 이 일이 시작되면 모두가 동참할 것이다.

선한 혁명의 본질

선과 혁명이란 단어의 본질과 의미를 살펴보자. 이 두 단어들을 당신의 집이나 공동체에 적용해 보았을 때를 상상해 보자. 선은 '좋은 상태나 질, 옳고 그름, 정직한, 도덕적인, 바람직한, 의로운, 관용적인, 관대한, 친절한'의 의미를 가지며, 혁명은 '이전의 관습이나 제도, 방식 따위를 단번에 깨뜨리고 질적으로 새로운 것을 급격하게 세우는 일'을 나타낸다.

지금의 세대를 위한 혁명을 일으키기 위해 특별한 영적인 것을 발견하기 위해 많은 고민을 할 필요는 없다. 사람들은 이웃을 자기 몸과 같이 돌아보지 않고 이웃의 삶에 무관심하다. 당신이 영향력을 미칠 수 있는 범위에 속한 모든 것이 변하는 것을 상상하라. 잔인한 말 대신 상냥한 언어를 사용하라. 부도덕한 말 대신 순수한 말을 사용하고, 폭력 대신 온유함을 보여주며, 탐욕과 우월감 대신 관용을 보여줘라. 선은 세상을 바꿀 수 있는 강력한 힘이다.

많은 사람들이 능력사역이나 예언전도를 행하는 데 불안해 하지만, 모든 사람은 성령의 기름 부음 아래 선을 행할 수 있다. 더 많은 선을 가정과 사회에 보여 주면 이혼, 범죄, 불안, 반항은 점점 줄어든다. 선은 어둠을 빛으로 바꾸는 가장 좋은 방법이다. 하나님이 옳다는 것을 우리가 보여 주는 만큼, 사람들은 그리스도께 돌아올 것이다. 하나님은 좋은 분이시다.

소망을 주는 미소

최근 거리에서 사람들에게 복음을 전하는 동안, 앤이라는 아름다운 하나님의 여성을 만났다. 그녀는 매춘부의 생활에서 벗어난 지 몇 년 되지 않은 20대 후반의 여성이다. 그녀가 소녀였을 적에 수양부모 밑에서 자라야만 할 정도로 그녀의 가정 형편은 어려웠다. 그녀를 돌보던 수양부모도 여러 번 바뀌었다. 때론 사랑이 많고 건강한 가정에 머물기도 했지만, 대부분의 경우 아무런 관심과 사랑을 받을 수 없는 가정에 머물렀다. 그녀는 12살에 자신을 학대하는 수양가정에서 도망쳐 매춘과 약물중독에 빠져들었다. 13살에는 북미지역의 큰 도시

슬럼가에서 몸을 팔기 시작했다. 이때부터 앤은 자신의 삶에 가장 어두운 시기를 보내기 시작했다.

12년 동안 그녀는 거리 매춘부로 생활했다. 그녀는 이 시기 동안 어느 누구에게도 친절과 애정, 존중의 말을 들은 적이 없었다. 어느 누구도 그녀에게 선과 관심, 사랑을 주지 않았다. 그녀는 3명의 아이를 낳았다. 그녀가 약물과 매춘의 함정에 빠져 있을 때 어느 누구도 그녀의 아이들에게 도움의 손길을 주지 않았다. 그녀는 자신의 아이들에게 최선을 다하려고 노력했지만, 우리 모두가 알다시피 최선이 항상 좋은 결과만을 보장할 수 있는 것은 아니다. 앤은 자신이 사용할 약물을 위해 매춘을 하러 나갈 때는 아이들을 집안에 가뒀다. 그녀는 공공기관에 아동학대로 고발당하거나 약물남용으로 감옥에 가게 될까 봐 항상 두려움에 잡혀 있었다. 자신의 힘으로는 더 이상 삶의 변화를 기대할 수 없었다.

그녀의 삶에 고통, 소망 없음, 절망이 계속 반복되었다. 탈출구는 어디에도 없었다. 앤은 "만약 당신이 길거리에서 일을 한다면, 모두가 당신을 쓰레기라고 생각하며 당신이 실제로 그런 존재라고 느끼게 만들죠. 그들의 말에서, 그들의 눈에서 그 감정을 느낄 수 있어요."라고 설명했다. 그녀의 삶은 극도로 위험했다. 죽고 싶은 마음이 얼마나 많이 생겼는지 셀 수도 없을 지경이었다. 여전히 살아있다는 것이 신기할 뿐이었다.

어느 날, 한 여자가 앤에게 다가왔다. 그녀는 앤에게 말을 걸며 앤의 눈을 쳐다봤다. 앤은 그녀가 자신에게 무엇을 말했는지는 기억하지 못하지만, 이제껏 본 적이 없는 따스한 웃음을 기억한다. 앤은 그 웃음을 볼 때 자신의 마음에 사랑이 스며드는 것을 느꼈고, 자신이 용납 받고 있다는 느낌을 강하게 받았다고 말했다. 앤은 아무런 말을 하지 못하고 우두커니 서 있었다. 그녀는 태어나서 처음으로 자신이 얼마나 깨끗한 존재인지, 얼마나 가치 있는 존재인지를 깨닫게 되었다. 마치 무언가가 긴 잠에서 깨어난 듯한 느낌이었다. 앤은 자신에게 따스한 웃음을 준 여자가 그리스도인이라는 사실을 알았다. 그 여자는 앤이 인간으로서 얼마나 가치 있고 아름다운 존재인지를 알려줌으로 앤이 예수님께 연결되는 씨를 심었다.

그날 즉시 앤이 구원받은 것은 아니지만, 앤은 선한 행실을 통해 깊은 만지심을 받았다. 하나님의 사랑의 손길이 앤의 상처 받은 마음에 임했고 그녀는 더 이상 예전과 같지 않았다. 며칠 뒤, 앤의 상황을 잘 알고 도움을 주고 싶어 하는 그리스도인을 만나게 되었다. 이 그리스도인은 앤이 매춘생활을 그만두면 재정적인 지원을 아끼지 않겠다고 제안했다. 앤은 자신의 귀를 의심했다. 앤은 그 사람의 제안을 받아들이고 더 이상 매춘을 하지 않기로 결정했지만 약물을 끊는 것은 힘들었다.

그 그리스도인은 앤과 연결된 교회 공동체의 일원이었다. 교회성도들은 앤의 회복을 위해 지원을 아끼지 않았다. 앤을 돌보는 교회 사람들은 이 일이 쉽지 않음을 알았다. 왜냐하면 앤은 거리의 삶을 배웠기 때문에 평범한 삶의 방식을 알지 못했다. 어떻게 요리하며, 아이들을 돌보며, 청소하고, 집을 관리하는지 전혀 알지 못했다. 이제 20대 중반의 여인임에도 불구하고 처음부터 가르쳐야 했다. 교회 사람들은 앤의 이런 필요들을 채워주었다. 그들은 재정, 기도, 모든 필요들을 지원해 주었다. 음식을 사 주고, 아이들을 돌봐주고, 의사에게 진료 받도록 도와주며, 청소, 집 관리, 아이 양육법까지 가르쳐 주었다. 그들은 쉽지 않은 이 일에 항상 앤과 함께 있어 주었다. 수많은 시련이 있었지만, 그들은 앤과 함께 있으며 어둠에서 나올 수 있도록 도와주었다. 주님의 선하심은 그녀를 높이 드셨다.

매일, 앤은 그들의 친절함을 통해 예수님의 사랑을 보았다. 그녀는 자신의 마음을 주님께 드렸다. 거리에서의 생활을 청산한 지 얼마 되지 않아, 앤은 스스로 약물재활 프로그램에 참여하였다. 몇 년이 지난 후, 그녀는 완전히 약물중독과 매춘의 함정으로부터 자유로워졌다. 지금 그녀는 아이들을 훌륭하게 키우는 어머니일 뿐만 아니라 예수님의 사랑으로 믿을 수 없을 정도로 성장하여 빛을 발하고 있다.

앤은 다시 거리를 걷는다. 하지만, 지금 그녀는 그리스도의 사랑으로 자신이 변화되었음을 증거하는 하나님 나라의 대사로서 길을 걷고 있다. 이것은 2,000년 전에 동일하게 임했던 복음의 능력이다. 하나님의 사랑은 결코 쇠하지 않았다. 우리가 해야 할 일은 사랑과 하나님의 언약을 믿고 나가는 것뿐이다. 앤의 삶은 예수님의 사랑으로 변화되었다. 생각해 보라. 이 모든 일은 단순한 선행을 통해 시작된다. 하나님께서 활짝 웃으시며 말씀하신다. "너는 나에게 너무나도 존귀하고 아름답고 사랑스럽단다." 그녀의 삶에 하나님의 메시지를 전한 웃음은 전도의 예언적인 웃음이다.

선행의 열매는 너무나도 놀랍다. 웃음을 짓는 일은 시간이나 재정, 관계적인 헌신을 요구하지 않는다. 하지만, 이런 간단한 일이 커다란 결과를 낳을 수 있다. 우리 모두는 웃음 지을 수 있다. 지금 당장이라도 선한 혁명을 시작하기 위해 웃어줄 사람을 찾아봐라.

난 앤에게 다가간 교회를 정말 존경하고 존중한다. 그들은 헌금함에 다른 사람들은 드리지 않는 사랑과 인내, 희생, 그리고 선을 넣었다. 난 그들이 마지막 날에 "잘 하였도다, 착하고 충성된 종아!"라고 말씀하시며 기뻐하시는 주님 앞에 서 있는 모습을 상상할 수 있다.

당신의 빛을 비추라

예수님은 "이같이 너희 빛을 사람 앞에 비취게 하여 저희로 너희 착한 행실을 보고 하늘에 계신 너희 아버지께 영광을 돌리게 하라"고 하셨다(마 5:16). 또한, "너는 구제할 때에 오른손의 하는 것을 왼손이 모르게 하여 네 구제함이 은밀하게 하라"고 말씀하셨다. 하지만, 성령님은 우리가 선행을 공개적으로 할 수 있도록 밖으로 부르는 순간이 있을 것이다. 이것은 우리의 영광이 아닌 아버지의 영광을 위한 것이다.

우리는 전도여행 기간 동안 선행을 행하여 사람들에게 전략적으로 다가간 많은 그리스도인들의 간증을 들었다. 그들의 간증이 내 눈 앞에서 재현되어지기를 원한다. 어떤 사람은 더운 날에는 차가운 음료를, 추운 날에는 핫 초코를 무료로 나누어 주고, 다른 사람은 가난하고 외롭고 나이 많은 분들을 찾아가 음식을 만들어주었다. 또 다른 사람은 자녀를 입양하였다. 젊은이들은 이웃의 자동차와 창문을 닦아 주었다. 때론 경제적인 도움을 주기도 했다. 하나님의 마음이 수많은 창조적인 생각들을 만들어냈다.

　당신이 속한 가정과 가족, 공동체에서 지금이라도 어떻게 선한 혁명을 시작할 것인지 기도해 보지 않겠는가? 선행을 삶의 스타일로 만들어라. 심는 것을 거둔다는 말이 무슨 뜻인지 아는가? 만약 당신이 너그럽게 당신 안에 있는 것들을 심는다면 선을 풍성하게 되돌려 받는 멋진 삶을 살게 될 것이다! 선해지는 것은 정말 좋다. 지금이 어둠 속으로 빛을 가져가는 최적의 시간이다.

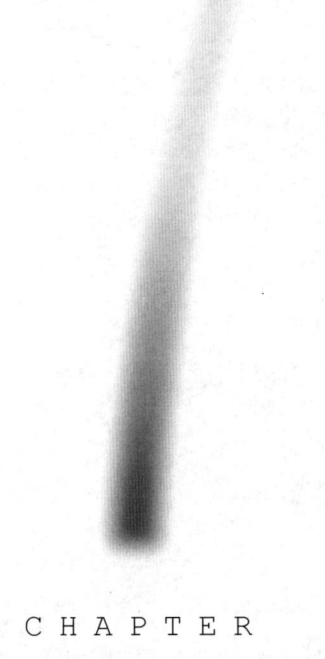

CHAPTER

제7장 메시지

하나님이 세상을 이처럼 사랑하사 독생자를 주셨으니
이는 저를 믿는 자마다 멸망치 않고
영생을 얻게 하려 하심이니라
(요 3:16)

주님을 믿는 사람들이 어둠 속으로 빛을 가져가기 위해서는 사랑의 메시지가 무엇인지를 이해해야 한다. 영혼을 그리스도께로 되돌리기 위해서는 테크닉이나 프로그램이 아닌, 세상의 구원자이신 예수 그리스도에 관한 계시가 필요하다. 얼마나 많은 그리스도인들이 하나님께서 그리스도를 통해 우리에게 주신 영원불변하며 사랑스런 십자가의 메시지를 이해하지 못하는지를 알고 의아해했다. 이 메시지를 이해하면 어둠 속으로 빛을 가져갈 수 있게 된다. 일단 계시를 받게 되면, 사람들에게 메시지를 나누는 것이 쉬워지고, 우리는 이 일을 통해 하나님의 나라가 확장되는 것을 보게 될 것이다.

우리를 시험에 들게 하지 마옵시고 다만 악에서 구하옵소서(나라와 권세와 영광이 아버지께 영원히 있사옵나이다 아멘) 금식할 때에 너희는 외식하는 자들과 같이 슬픈 기색을 내지 말라 저희는 금식하는 것을 사람에게 보이려고 얼굴을 흉하게 하느니라 내가 진실로 너희에게 이르노니 저희는 자기 상을 이미 받았느니라 너는 금식할 때에 머리에 기름을 바르고 얼굴을 씻으라 이는 금식하는 자로 사람에게 보이지 않고 오직 은밀한 중에 계신 네 아버지께 보이게 하려 함이라 은밀한 중에 보시는 네 아버지께서 갚으시리라(마 6:13, 16~18)

복음의 메시지를 가장 순수한 말로 표현한다면, 인류를 위한 하나님의 선물인 그리스도에 관한 계시다. "보라 아버지께서 어떠한 사랑을 우리에게 주사 하나님의 자녀라 일컬음을 얻게 하셨는고"(요일 3:1). 여기서 나오는 어떠한 사랑은 죄에 빠져 하나님을 거역하는 사람을 그의 자녀 삼아 상속권을 주기 위한 완전하고 거룩하고 의로운 하나님의 동기로부터 나온다. 이 말은 어떤 형태로도 표현할 수 없는 행동을 하나님께서 우리를 위해 한 것 같이 느껴진다. 사실, 이것은 아버지께서 우리 개개인뿐만 아니라 모두를 위해 보여 주신 아버지의 사랑의 표현법이다. 비록 사람은 창조되었을 때부터 항상 그분의 사랑을 시험해 왔지만 하나님의 사랑을 뺀다면 인류의 역사는 아무것도 진행될 수 없다. 이 놀라운 사랑은 결코 변하지 않을 것이다. 왜냐하면 그분은 변치 않으시기 때문이다.

하나님은 가족을 원하신다

하나님은 자녀들을 가지길 원하신다. 우리 모두는 하나님의 소망으로 창조되었다. 어느 누구도 실수로 만들어지지 않았다. 우리 모두는 가치 있고 존귀하다. 하나님은 사랑이시며, 사랑은 다른 사람에게 좋은 것을 주고 친절하게 대하는 것이다. 하나님은 가족을 원하셔서 그의 사랑을 우리 개개인뿐만 아니라 모두에게 주신다. 이것은 그 분의 본성이다.

　태초에 하나님께서 나무들, 꽃들, 새들, 물고기들, 동물들을 포함한 지상의 모든 것을 만드셨다. 하나님은 이 모든 것을 날마다 하나씩 만드시고 사랑하셨다. 하나님께서는 창조물들을 보시고 좋아하셨다. 하나님은 이 모든 것을 기뻐하셨음에도 불구하고 자신의 애정과 마음을 쏟을 수 있는 자신을 빼닮은 창조물을 만들기를 원하셨다.

　결혼한 지 1년이 지났지만 나의 남편인 론과 나 사이에는 아이가 없었다. 우리는 두 마리의 개를 키웠다. 개는 우리에게 가족과 같은 존재였고 우리 부부는 개를 사랑하고 귀여워했다. 하지만, 개들은 아이를 가지고 싶은 마음을 채워주지 못했다. 개들은 참 좋았지만, 그것만으론 부족했다. 무엇인가가 우리 안에서 말하고 있었다. "아이, 아이, 아이." 이 마음은 사람을 향한 주님의 마음이 어떠한지를 조금 맛볼 수 있는 좋은 예시다. 개들과 다른 창조물들은 그분에게 여전히 만족함을 주지 못한다. 하나님은 창조물들을 기뻐하셨음에도 불구하고 창조물들은 그분의 형상을 닮은 자녀에 대한 하나님의 열망을 채워주지 못했다.

　하나님은 사람이 창조되기도 전부터 자녀를 원하셨다. 하나님은 우리가 하나님께 커다란 고통을 줄 것이라는 사실을 알고 계셨다. 우리가 죄로 인해 실패할 것이라는 사실을 미리 아시고, 죄의 능력으로부터 우리를 구원할 계획을 세우셨다. 성경에서는 이것을 '구속'이라고 한다. 그분은 우리가 죄의 문제에 빠지기 전에 먼저 우리의 문제를 다루셨다(세상이 만들어지기 전에 죽임을 당한 어린 양, 계 13:8). 하나님은 우리가 실패할 것을 내버려두지 않으셨다.

몇 년 전에 주님께 다음과 같은 질문을 한 적이 있다. "아이가 부모를 거역하고 반항하고 힘들게 할 걸 미리 알았다면 전 아이를 가지지 않았을 겁니다. 이런 자녀는 없는 것이 더 행복하겠지요. 그런데 주님은 왜 우리를 창조하셨나요?"

하나님은 아주 분명한 말로 말씀하셨다. "너희를 향한 나의 계획은 비록 너희가 나를 거절한다 할지라도 난 그 거절을 넘어서서 여전히 너희를 사랑하는 하나님임을 증명하는 것이다. 나는 나의 사랑이 너희에게 시험받는 것을 허락하였다. 너는 나의 사랑이 얼마나 견고하고 물러섬이 없는지를 알 것이다. 나는 사랑이다. 어느 누구도 나와 교제하기 위해 오지 않는다 할지라도 그들을 향한 나의 사랑은 결코 변치 않을 것이다. 내가 모든 시험을 이겼다는 것을 알라. 너희는 내 안에서 안전하다." 하나님께서 얼마나 사랑하시는지 보라. 놀랍지 않은가? 보라. 하나님께서 어떤 사랑을 우리에게 주셨는지.

십자가와 언약

우리를 향한 하나님의 계획은, 두세 명의 사람이나 모임 사이에 합의를 통해 묶여지는 언약을 통해 우리와 영원한 관계를 세우시는 것이다. 언약을 세우기 위해서는 순결함과 순결함을 지켜야 하는 조건이 반드시 필요하다. 순결함으로 맺어지는 언약은 보호와 안전을 준다. 혼인관계도 이 언약과 상당히 유사하다. 서로에게 신실하고 서로를 돌봐주며 명예롭게 하는 맹세는 언약적 관계를 맺는 파트너와 하나가 된다는 의미다. 언약의 목적은 서로의 관계를 안전하게 하기 위함이다.

역사적으로 볼 때 언약을 신실하게 지켰던 사람은 없다. 그래서 많은 사람들이 결혼에 대한 불안을 없애기 위해 서로에게 맹세하는 혼인언약을 만들었다. 어떤 사람은 결혼이 옳은 일인지 아닌지 혹은 결혼을 하면 자신의 인생이 끝이 아닐까라고 생각하며 결혼하지 않으려고 한다. 이것은 요즘 가정이 쉽게 깨어지는 하나의 원인이기도 하다. 깨어진 언약은 어디에서나 찾을 수 있다. 언약이 깨어졌다는 사실은 높은 이혼율을 보더라도 쉽게 알 수 있다. 하지만, 하나님은 언약을 지키는 하나님이시다. 하나님은 항상 순결하시며 또한 언약을 신실하게 이행하신다.

언약은 본래 '피 흘림이 있는 곳'이라는 의미를 가진다. 고대 언약은 항상 일정한 조건을 정하고 무기나 이름, 물건들을 교환했다. 또한, 이 언약을 맺는 의식을 치를 때 항상 피 흘림이 있었다. 의식이 최고조로 이르면 서로 하나됨을 축하하기 위해 피 흘린 것을 서로 나누어 먹었다. 혼인언약은 피로 맺는 언약과 여러모로 흡사하다. 많은 하객 앞에서 맹세를 하고(서로 사랑하기로 조건을 세우고 교환함), 이름을 바꾸고(외국의 경우 신부는 남편의 성을 따라 이름을 바꾼다), 물건들을 교환한다(반지와 같은 예물을 교환한다). 이제 결혼은 부부관계를 통해 확정되는데, 이때 여성은 처녀막이 찢어져 피를 흘리게 된다.

우리와의 관계를 위한 하나님의 언약은 피의 언약이다(십자가에서 쏟으신 그리스도의 보혈). 하나님은 구약의 율법과 선지자들을 통해 조건을 정하시고, 예수 이름을 우리에게 주셨으며, 무기를 주시고(예수 이름의 능력과 권세), 자원들을 주셨다(우리를 부요케 하기 위해 예수님은 가난해지셨다). 고대 사회에서는 한 종족과 다른 종족이 서로 언약을 맺고자 한다면 각 종족을 대표하는 지도자가 나와 언약을 체결하였다. 그리고 그 언약을 서로 기뻐하였다. 그리스도는 우리 인간을 대표하는 분으로 이 땅에 오셔서 우리를 대신해 하나님과 언약을 세우셨다. 예수님은 어제도 지금도 언약의 대표자이자 지도자다. 이 언약으로 인해 우리는 하나님과의 관계를 계속 유지할 수 있다. 우리 모두는 언약의 축복을 받았다!

놀라운 소식

하나님은 우리와 영원한 관계를 맺기 위한 언약을 세우길 원하셨다. 하지만, 하나님은 우리가 죄에 빠져 언약을 지키지 못할 것이라는 것을 알고 계셨다. 사람은 약속을 끝까지 지키지 못하게 하는 죄로 가득 찼다. 하나님은 언약의 조건을 만족시키기 위해 어떤 상황에서도 언약을 지키며 죄가 없는 사람을 필요로 했다. 하지만, 어디에도 죄 없는 사람을 찾을 수 없었다. 결국 하나님은 이 자리를 직접 채우기로 결정하셨다. 인자가 되셔서, 언약의 조건에 맞는 빈자리를 채우셨다. 예수님은 이 자리에 기꺼이 앉으셨다. 왜냐하면 예수님은 하나님이시기 때문이다. 그는 하나님의 아들이시자 인자이시다. 예수님께서는 스스로 하나님과의 언약을 세우셨다. 이것이 하나님께서 영원불변하고, 결코 폐하지 않는 언약을 인간과 세우신 방법이다. 진실로 하나님의 아들이신 예수님은 이 계획을 이루기 위해 하늘에서 죄악 된 세상에 인간의 몸을 입고 내려오셨다.

예수님께서는 이 땅에 인간으로 오셨을 때, 언약의 조건에 부합하기 위해 구약의 율법을 충실히 따르셨다. 예수님께서 구약의 율법을 어기거나, 단 한 번이라도 유혹에 빠지셨다면 언약을 세우기 위한 조건에 맞지 않았을 것이다. 예수님은 우리가 황폐해지는 걸 막기 위한 큰 부담을 안고 계셨다. 성경에서는 예수님을 마지막 아담이라고 언급한다(고전 15:45). 첫 번째 아담은 죄에 떨어지기 전에는 하나님의 형상을 닮은 완벽한 인간이었다. 하지만, 그가 유혹에 넘어가자 하나님이 아담에게 주신 권세와 위엄은 사단에게 넘어가게 되었다. 로마서 6장 16절에는 죄에 순종하면 죄의 종이라고 가르친다. 아담이 사단의 유혹에 빠져 종이 되었던 것처럼, 예수님께서도 유혹에 넘어갔다면 첫 번째 아담에게 일어났던 일이 또 다시 생겼을 것이다. 오직 순수한 사랑만이 이 커다란 부담감을 질 수 있게 한다.

인자되신 예수

예수님께서는 첫 번째 아담과 동일하게 이 땅에 오셨다. 인간의 본성을 가지고 있지만 죄는 없었다. 예수님은 언약의 조건에 맞는 인간의 능력과 특징들을 모두 가지고 있었다. 오늘날 우리에게 성령이 능력을 주는 것처럼 성령이 예수님 위에 능력을 기름 붓듯 하였다. 성령의 능력으로 예수님은 죄가 없는 사람으로 이 땅 위에 거하셨다. 우리는 예수님께서 성령의 도우심으로 인간의 죄성을 이겼음을 이해해야 한다. 예수님은 완벽하게 죄가 없으셨지만, 죄와 싸우셨다.

예수님은 우리를 아담이 타락하기 이전의 하나님과의 올바른 관계를 회복시키기 위해 싸워야만 했다. 언약을 세우는 과정을 모두 끝내면 하나님의 오른편에 앉게 될 완전한 하나님이자 완전한 인간이 될 것이라는 것을 예수님께서는 아셨다. 예수님은 하늘과 땅의 모든 것의 총체이시다.

그리스도께서 쉽게 죄와의 싸움을 하신 것이 아니다. 예를 든다면, 유혹을 이기기 위해 피땀을 흘리는 것을 찾아볼 수 있다(히 12:4). 예수님께서는 우리를 위해 인간의 몸으로 이 일을 하셨다. 그래서 우리의 힘으로 이 일을 할 필요는 없다. 왜냐하면, 우리는 할 수 없기 때문이다. 하나님과의 언약을 세우기 위한 모든 것이 인자되신 예수 그리스도를 통해 가능해졌다. 예수님은 모든 율법과 선지자들의 예언을 성취하셨다.

손익을 따지신 예수님

아마도 예수님께서는 이 세상이 창조되기 전 이렇게 생각했을 수도 있다. "나의 사랑이 얼마나 클까? 나를 사랑하지 않는 사람들을 얼마나 사랑하고 친절하게 대해 주며 자비를 베풀 수 있을까? 내가 사랑하는 자들을 위해 죄를 대신 짊어지는 깊은 사랑을 할 수 있을까? 나를 미워하고 경멸하는 자들의 죄를 위해 대신 죽음의 쓴 잔을 마실 수 있을까?" 이 모든 것을 생각하고 계산하신 뒤, 다음과 같이 말했을 것이다. "오, 그래, 너희의 모든 것이 나에게 가치 있구나. 기꺼이 하늘에서 내려가 기쁨으로 대가를 지불하리라."

이 땅에 내려오심

마리아는 성령으로 예수님을 임신했다. 마리아와 요셉은 베들레헴에서 아기를 낳게 되었다. 어디에도 묵을 곳은 없었다. 그래서 마리아는 마구간을 빌려 예수님을 구유에 눕혔다. 구세주를 위한 어떤 특별한 조치가 있었는가? 궁전도 없고, 특별한 조치도 없고, 사람들은 그 아기가 누구인지에 대해 아무런 관심이 없었다. 여기서부터, 예수님은 사랑의 시험을 거치고 계셨다. 만약 예수님께서 공격적인 성향을 가지셨다면 이렇게 생각했을지도 모른다. "음, 보자. 다시 하늘로 돌아가야겠구나. 난 너희에게 아주 좋은 일을 하려고 왔는데 너희는 나를 동물처럼 대하고 구유에 던져놓는구나." 하지만, 예수님은 우리를 공격하지 않으시고 커다란 겸손으로 사랑의 시험을 통과하셨다. 예수님은 극진한 대우를 받아야 마땅했지만 그것에 개의치 않으셨다. 예수님은 섬기기 위해 오셨다.

헤롯 왕은 예수님이 아기였을 때 그를 죽이고자 했다. 하지만, 예수님은 사랑하기를 멈추지 않으셨다. 그는 결코 사랑이나 믿음을 저버리지 않으셨다. 만일 당신이 순수한 동기로 사람을 돕고자 다가갔는데 그가 당신을 죽이려 한다면 어쩌겠는가? "당신은 필요 없어. 다른 곳에나 가봐야겠군."이라고 말할지도 모른다. 하지만, 예수님은 다른 마음을 가지셨다.

사역의 시작

예수님은 랍비처럼 회당에서 가르치셨다. 종교지도자들이 그의 가르침을 주의 깊게 듣고 있었다. 그들은 하나님의 말씀과 교리에 대해서는 세계적인 전문가로 성경을 잘 알고 있었다. 하지만, 예수님은 참된 교리이시다. 그는 살아있는 말씀이시며 참된 신학이셨으나, 종교지도자 중 몇몇은 그를 신성모독자며 이단이라 불렀다. 종교지도자들은 그에게 법적인 조치를 취하려고 했다. 참 하나님이신 예수님을 위협한 것이다. 당신이 하나님이라면 어떻게 느꼈을까? 당신이 하늘에서 오는 참된 진리를 가르치고 있다고 가정해 보자. 당신은 진리이기 때문에 진리를 말한다. 하지만, 당신이 구원하려 하는 사람들이 당신에게 말한다. "당신은 거짓말쟁이야. 엉터리고 이단이고 잘못된 교리를 가르치고 있어. 당신은 귀신들렸어." 이런 간단한 말로 당신을 뭉게 버릴 수도 있다. "신학이 형편없군."

나는 주님께 이런 형태의 저항을 했던 경험이 있다. 가끔씩은 무례하기도 했다. 내 안에 있는 모든 것은 뒤로 물러서길 원했다. 하지만, 예수님은 우리를 향한 사랑과 자신의 대한 계시를 한 순간도 절대 뒤로 물리지 않으신다. 예수님은 매번 인간에게 공격받고 협박받으셨으나 그의 사랑은 계속 시험을 통과했다. 예수님께서 말씀하셨다. "나의 사랑과 믿음은 절대 변하지 않을 것이다." 모든 협박에도 불구하고 그는 사랑과 믿음을 지키셨다.

예수님은 12명의 제자들과 70명의 제자들을 날마다 주고 가르치고 돌봐줌으로써 그들에게 자신의 시간과 삶을 쏟아 부으셨다. 다른 많은 사람들도 그의 사역을 따라갔다. 예수님을 따르던 사람들은 예수님을 배반하지 않았지만, 그분에게 실망감을 안겨줬다. 하지만, 제자들을 향한 헌신은 식을 줄 몰랐다.

겟세마네 동산

그리스도께서 가장 치열하게 싸우셨던 곳 중 하나는 바로 겟세마네 동산일 것이다. 예수님은 인간이 받을 수 있는 모든 유혹을 받으셨다. 지옥의 강한 힘이 영적으로 그를 짓눌렀다. 처음 아담이 받았던 유혹과 같은 힘으로 몰려오는 인간의 죄의 힘에 저항하셨다. 그가 유혹을 받는 모든 순간에도 그의 마음은 우리에게 있었다. 땀이 피가 되어 쏟아질 정도로 죄에 저항하셨다. 혈관이 터져 흐르는 피 한 방울 한 방울마다 "지금 내가 느끼는 것이 무엇이라 할지라도, 너무 힘들다 할지라도, 나는 너희를 위해 싸울 것이다. 나의 감정을 표현할 수 없다 하더라도, 이 모든 것은 너희를 위해서다."

개인적으로 나는 영적인 전쟁에 직면해 마귀적인 힘에 공격을 받은 적이 있다. 비록 이 시기들은 말할 수 없을 정도로 고통스러웠지만, 예수님께서 경험하신 것과 비교한다면 아무것도 아니다. 하지만, 이런 시기를 보낼 때 나의 감정과 마음이 얼마나 심한 압박을 받았는지 모른다. 이런 시기를 보낼 때는 하나님의 말씀에 초점을 맞추는 것이 중요하다. 당신의 삶에 있었던 모든 것이 진리에 반대된다고 느낄 때는 한 가지 선택을 할 수 있다. "주님 그것이 무엇이라 할지라도, 하나님의 말씀에 서겠습니다. 당신께서 나의 영혼을 지켜 보호해 주심을 믿습니다." 당신의 육체가 약해지고 피곤하고 연약해져도 이 시기가 끝나면, 감정과 생각이 자란다. 이런 영적전쟁의 충격은 너무 고통스럽고, 말로 표현하기 힘들다. 하지만, 이런 수준의 영적전쟁을 경험한다 하더라도 예수님께서 경험하신 고통과는 비교할 수 없다.

지옥의 권세가 그를 잡으려 할 때, 예수님은 어떠셨을까? 이런 가혹한 시간에도 예수님께서 견고하게 서 있었던 동기는 무엇일까? 하나님은 이런 가혹한 자리에 자신을 올려놓을 필요가 없었다. 그가 왜 돌아가셨는지 당신은 아는가? 왜냐하면, 우리 자신이 얼마나 죄 덩어리인지에는 관심 없는 당신과 우리를 위한 사랑 때문이었다. "너희와의 언약을 지키기 위해 이 일을 한다." 그는 우리를 너무나 사랑하신다. 지금 이 순간 이 세상에 있는 모두를 잠시 잊어보자. 당신이 이 세상에 홀로 남아 있다 하더라도 그는 이 일을 당신을 위해 행하실 것이다. 겟세마네에서의 고통 중에서도 당신은 그분의 눈 안에 있었다. 우리와 함께 영원토록 살고자 하는 소망이 그의 동기였다. 우리의 얼굴들이 예수님께 견딜 수 있는 힘을 주었다.

배신, 버림받음, 부인

예수님은 약하고 몹시 피곤해져 동산에서 내려오셨다. 12명의 제자들 중 한 명인 유다가 그에게 다가와 배신의 입맞춤을 했다. 예수님은 유다가 자신을 배신할 것을 아셨음에도 불구하고 그를 친구라고 부르셨다. "친구여 네가 무엇을 하려고 왔는지 행하라"(마 26:50). 배신은 매우 고통스럽다. 당신이 배신당했다면 얼마나 감정적으로 힘든지 잘 알 것이다. 하지만, 예수님은 배신을 당하셔도 그의 사랑과 우애를 버리지 않으셨다. 친한 친구나 동료에게 배신당한 후 경험하게 되는 영적전쟁이 얼마나 심한지 생각하기도 싫다. 그가 체포되는 순간에는 유다에게 받았던 배신보다도 더 심한 제자들과 친구들에게 버림받는 고통을 겪게 된다.

당신이 거짓말로 정죄 받을 때면 단 한 사람이라도 당신과 함께 있어 줄 사람이 있으면 좋겠다고 느낄 것이다. 내 편에 같이 있어 줄 사람이 없나? 내 말을 믿어줄 사람이 없나? 나를 보호해 줄 사람이 없나? 예수님은 이런 사람을 단 한 명도 가지지 못했다. 심지어 3년 동안 모든 것을 쏟은 제자들조차도 그러지 않았다. 예수님은 베드로가 맹세하며 하는 말을 그 자리에서 들어야만 했다. "아니요, 그가 누군지 모릅니다." 이런 부인을 들어야만 했던 예수님은 얼마나 고통스러웠을까. 예수님께서는 베드로가 자신을 부인할 것이라는 것을 미리 알았지만, 실제로 배신을 당하게 되면 감정을 억제하는 게 쉬운 일이 아니다.

재판

거짓증인이 법정에 세워진 예수님을 모함하기 위해 세워졌다. 얼마나 몹쓸 일인가! 누군가가 당신을 거짓말로 공격할 때, 우리는 자연적으로 우리 스스로를 방어한다. 이사야 53장 7절에는 "그가 곤욕을 당하여 괴로울 때에도 그 입을 열지 아니하였음이여 마치 도수장으로 끌려가는 어린 양과 털 깎는 자 앞에 잠잠한 양 같이 그 입을 열지 아니하였도다"라고 기록되어 있다. 거짓된 증거에도 그의 사랑과 자비를 바꾸지 않는 목적이 있었다. '호주머니에 들어간 돈으로 나를 모함할 수 있지만 너를 향한 나의 사랑은 거둘 수 없다'고 예수님께서 생각하고 계셨을지도 모른다.

그들은 예수님의 옷을 벗기고 머리에 가시 면류관을 씌우고 뺨을 때렸다. 나와 당신이 아직 태어나지 않았을 때에도 이미 예수님의 마음에는 우리가 있었다. 만약, 우리가 베드로처럼 예수님을 배반하거나 부인하지 않겠다고 고백한다면, 육체의 연약함을 잘 모르는 것일 것이다. 아마 우리도 베드로처럼 행동할 것이다. 그리스도의 사랑은 심하게 시험받았다. 예수님은 우리를 버리지도 사랑하기를 그치지도 않으셨고, 앞으로도 그런 일은 없을테지만, 우리는 그의 사랑을 너무나도 많이 시험한다.

찢기고 상함

예수님은 심하게 맞고 침 뱉음을 당하고 뺨을 맞으셨다. 그들은 잔인하게 주먹질하며 예수님을 괴롭히는 눈으로 바라보았지만, 예수님은 그들을 사랑의 눈으로 바라보기만 하셨다. 9개의 가죽이 달린 채찍으로 심하게 맞으셨다. 채찍의 가죽 끝에는 조그맣고 날카로운 쇠와 뼈 조각이 붙어있었다. 한 번 채찍질 당할 때마다 9개의 상처가 생겼다. 40번의 채찍질로 사람이 죽을 수도 있다고 사람들은 말한다.

로마법에서 정한 것보다 더 많이 맞으셨다. 역사자료는 그의 갈비뼈가 드러났다고 증거한다. 작고 날카로운 채찍에 그의 몸이 찢기는 순간에도 우리는 그의 마음에 있었다. 예수님이 이런 모든 괴로움을 참으셨던 이유는 바로 우리 때문이다. 잔인하게 맞으시는 그의 얼굴을 본다면 그는 다시 이렇게 우리에게 말씀하실 것이다. "너희를 향한 나의 사랑은 거둘 수 없다." 이런 채찍이 지금 우리에게 쥐어져 있다 할지라도 그는 결코 변치 않으실 것이다.

십자가에 달리심

예수님은 무거운 나무 십자가를 등에 지셨다. 고통으로 약해졌지만 갈보리 언덕을 오르셨다. 성난 군중들이 그를 따르며 욕하고 침 뱉고 외쳤다. "십자가에 못 박아라! 십자가에 못 박아라!" 그들은 예수님의 손과 발에 못을 박고 2명의 죄인 사이에 매달았다. 죄 없는 사람이 십자가에 못 박힌 것이다.

예수님께서 패배하고 죽임당한 것 같이 보이지만 실제로는 그의 생명을 우리에게 주신 것이다. 악마, 거짓증인, 로마인들, 유대인들, 수많은 남자와 여자들이 예수님의 생명을 취한 것이 아니다. 예수님은 그의 생명을 기꺼이 주셨다. 당신이 예수님께서 십자가에 달리신 것을 보는 것은, 십자가에 사랑이 달린 것을 보는 것이다. 예수님은 자신에게 저항하거나 파괴하는 모든 것에 대해 완벽하게 그가 사랑이심을 나타내셨다.

가혹한 고통 속에 벌거벗고 힘없이 십자가에 매달려 있는 그를 사랑하라. 그가 가혹한 고통을 당하고 있음에도 불구하고 도둑 중 한 명이 구원해 달라고 했다. 예수님은 주저하지 않으셨다. 그는 가장 도움이 필요한 순간에도 그 자신을 쏟기를 멈추지 않으셨다. 예수님께서는 이렇게 말씀하셨을 수도 있었다. "나에게 구원을 베풀라고? 나와 함께 있는 것도 네가 십자가에 매달려 있는 것도 나와는 아무런 상관이 없어. 잊어버려. 이미 늦었어!" 하지만, 예수님은 그러지 않으셨다. 그는 자신의 사랑을 다시 증명하셨다. "물론 내가 너를 구원하리라. 너는 나와 함께 낙원에 있을 것이다. 너는 나의 구원의 영광을 볼 것이다."

예수님은 그가 죽는 것을 보길 기뻐하는 군중들을 보았다. 제사장들과 서기관들이 외쳤다. "저가 남은 구원하였으되 자기는 구원할 수 없도다 이스라엘의 왕 그리스도가 지금 십자가에서 내려와 우리로 보고 믿게 할찌어다"(막 15:31~32). 이 성난 군중을 향한 그의 자비롭고 사랑스런 대답은 "아버지여 저희를 사하여 주옵소서 자기의 하는 것을 알지 못함이니이다"였다(눅 23:34). 상상이나 할 수 있나? 우리를 상하게 하고 공격하는 자들을 용서하는 일은 힘든 일이다. 예수님의 상황을 고려한다면, 수많은 군중이 그를 욕하고 있었고, 우리도 그 군중 속에 있었고 모든 인류가 그 군중에 있었다. 우리 모두가 그에게 죄를 짓고 있었지만 그는 우리에게 말했다. "아버지여 저희를 사하여 주옵소서." 그는 모든 인류의 죄악을 용서하셨다. 죄의 빚을 해결하셨다. 오직 그의 순수한 사랑만이 이런 일을 가능케 했다.

예수님은 인간의 죄가 되기로 선택하셨다. 그가 우리의 죄가 되기로 선택하셔서 우리는 그의 의가 될 수 있다. 예수님께서 정죄 받으셔서 우리는 자유로울 수 있다. 오해 때문에 죄인 취급받거나 손해를 본 적이 있는가? 공격하는 사람이 당신에게 처벌을 내릴 때 감정이 좋을 사람은 없지 않은가. 하지만 예수님은 다르셨다. "아니, 너희의 죄 값을 내가 다 받겠다. 이건 내 책임이란다. 너는 자유롭게 가도 좋아."

몇 년 전, 선교현장에 있을 때, 난 특정 상황에 대한 나의 잘못된 판단으로 상황을 나쁘게 만든 적이 여러 번 있었다. 나의 행동은 몇몇 사람들에게 큰 상처를 주었다. 나중에 이 상황을 명확하게 알게 된 후에야 내가 얼마나 어리석고 잘못했는지를 깨닫고 크게 수치스러워 했다. '좀 더 알았다면 이런 일을 하지 않았을 텐데' 라고 생각했다. 나는 첫 사역지에서 지혜로운 눈으로 상황을 보지 못했던 나 자신을 보았다. 나는 이 과정에서 심각하게 상처를 입은 사람들에게 찾아가 용서를 구했다. 하지만 그들은 내가 정말 필요로 했던 용서와 자비를 베풀어주지 않았다. 그 후, 몇 년 동안 나는 나 자신을 용서하지 못했다.

어느 날, 나는 주님께 울부짖기 시작했다. "사람들을 계속 다치게 하는 나의 실수를 가만히 두지 마세요. 그들의 삶이 망가지게 내버려 두지 마세요." 내 존재가 너무나도 끔찍했다. 주님께서 엄하게 나에게 말씀하셨다. "너는 그 죄를 저지르지 않았다. 그 실수를 저지르지도 않았다. 내가 했다." 놀랐다. "뭐라고요? 주님께서 하신 것이 아니라 제가 한 것입니다." 하지만 주님은 다시 말씀하셨다. "내가 했다." 나는 다시 그가 죄 없음을 주장했다. "예수님, 아닙니다. 당신이 한 것이 아닙니다. 당신은 완전하시고 잘못하신 것이 하나도 없습니다!"

주님께서 부드럽게 대답하셨다. "나는 2,000년 전에 이미 너의 실수를 다 가져갔다. 나는 너의 실수까지 짊어짐으로 너를 자유케 하였다. 실수로 인한 모든 정죄까지도 내가 이미 가져갔다. 너는 자유다! 나는 너를 위해 죄가 되었고 너에게 나의 의를 주었다. 이 모든 것은 이미 지불되었다. 이보다 더한 문제가 있다면 너를 용서하지 못하는 사람들이 나에게 직접 와야 할 것이다. 너는 완전히 자유롭고 의롭게 되었다. 네가 한 것이 아니다!"

나의 가장 깊은 곳에서부터 눈물이 흘러내렸다. 이런 자비를 보여 주시는 하나님을 어떻게 사랑하지 않을 수 있을까? 하나님은 그 날, 나에게 그가 우리를 위해 하신 일이 무엇인지를 계시해 주셨다. 우리는 이것을 '대속' 이라고 한다. 예수님은 우리의 죄를 가져가시고 대신 의와 생명을 우리에게 주셨다. 우리가 이것을 잡아야 하지 않겠는가?

믿음 안에서 죽음

우리 모두가 지켜보는 가운데 예수님께서 사랑과 믿음을 지키시며 십자가에서 죽으셨다. 그는 자신의 영혼을 아버지께 드리며 다 이루었다고 말씀하셨다. 그는 자신의 생명을 아버지의 손에 의탁했다. 예수님께서 인간의 죄가 되었을 때, 스스로 부활할 수 있는 능력이 없었다. 하지만, 하나님은 태초에 예수님이 다시 살아날 것을 계획하였으며 예수님은 하나님의 이 계획을 신뢰했다.

예수님은 인간의 죄를 짊어지시고 돌아가신 뒤 이 땅의 가장 낮고 낮은 자리로 가셨다. 죽으신 지 3일째 되던 날, 하나님은 예수님을 죽음에서 다시 살리셨다. 막달라 마리아와 수많은 여인들, 제자들이 예수님께서 이 땅을 거니시는 것을 목격했다. 그는 부활이자 생명이시다. 그는 죽음에서 다시 살아난 첫 열매가 되셨다. 그가 죽음에서 다시 살아났을 때, 죽음과 지옥의 열쇠를 가지셨다. 예수님은 마귀를 자신의 권위 아래 두시고 영원한 승리를 거머쥐셨다.

예수님의 부활과 생명

단순하게 예수님을 구주로 믿는 것만으로, 모든 사람들이 하나님과의 영원한 관계로 초대된다. 인류를 구원하기 위한 모든 일이 그리스도에서 완성된다. 이것은 이미 끝난 일이다! 하나님과 인간 사이의 영원하고 깨질 수 없는 언약을 세우셨다. 예수님은 하나님과 인간 사이에 영원한 언약의 중재자가 되었다. 죄 없고 완전하신 하나님의 어린 양이 이 모든 일을 우리를 위해 하셨다. 단순히 믿는 것만이 우리가 할 수 있는 모든 것이다.

우리를 위해 모든 것을 행하신 예수님을 통해 인간은 자신을 찾을 수 있다. 어느 누구도 자기 스스로 구원할 수 없다. 우리가 갚을 수 없는 모든 빚을 대신 갚으셨다. 주님께 모든 영광을! 예수님은 부활하신 후 40일 동안 이 땅에 머무시다가 하늘로 승천하셨다. 예수님은 영원히 하나님의 오른편에 앉아 계신다. "그 능력이 그리스도 안에서 역사하사 죽은 자들 가운데서 다시 살리시고 하늘에서 자기의 오른편에 앉히사 모든 정사와 권세와 능력과 주관하는 자와 이 세상 뿐 아니라 오는 세상에 일컫는 모든 이름 위에 뛰어나게 하시고"(엡 1:20~21). 우리가 예수님을 구주로 믿는다면 우리는 그리스도 예수 안에서 함께 하늘에 앉게 될 것이다(엡 2:26). 우리의 생명이 그리스도와 함께 하나님 안에 숨겨졌다(골 3:3).

언약으로 봉인됨

그리스도를 믿는 모든 사람은 영원한 생명을 받으며, 하나님과 인간 사이에 세워진 영원한 사랑의 언약에 봉인된다. 이 언약은 인자이신 예수님과 하나님이신 예수님 사이에 세워진 언약으로 영원하며 그 누구도 깰 수 없다. 그를 믿음으로써 죄로 인한 하나님과의 분리를 막아준다. 당신의 신분은 당신의 능력이 아니라, 그의 온전한 사역으로 하나님 나라의 자녀가 된 것이다. 그의 능력은 과거형이다. 이미 끝난 일이다!

정직하게 말한다면, 하나님 곁으로 가는 일은 실패가 가득하다. 우리의 힘으로 하나님을 기쁘시게 하는 일은 불가능하다. 하나님을 기쁘시게 하는 유일한 길은 그리스도를 믿는 것이다. 예수님의 팔은 모든 죄인들에게 열려 있다. 단순한 믿음은 영광스럽고 영원한 구원을 맛보게 한다. 그냥 단순히 믿기만 하면 되는 것이다. "너희가 그 은혜를 인하여 믿음으로 말미암아 구원을 얻었나니 이것이 너희에게서 난 것이 아니요 하나님의 선물이라 행위에서 난 것이 아니니 이는 누구든지 자랑치 못하게 함이니라."(엡 2:8-9)

우리를 구원할 이 은혜는 무엇인가? 은혜는 우리의 삶에 임하는 하나님의 영향력이다. 하나님은 우리를 위해 모든 것을 행하기로 결정하셨다. 우리를 향한 그의 은혜는 표현할 수도 거부할 수도 없는 은혜이다. 당신도, 나도, 그 누구도 거부할 수 없다. 그의 은혜는 우리의 마음과 삶에 임한다. 우리는 믿음을 통해 은혜로 말미암아 구원받았다. 이 믿음은 십자가에서 영광스럽게 이루어진 일을 믿는 것이다. 믿음 안에서 한 영혼이 예수님을 구주로 고백할 때에, 그에게 하나님의 영이 임한다. 이 사람을 성경에서는 거듭 태어났다고 표현한다(요 3:1~9). 그들은 새로운 피조물이 되었다. 고린도후서 5장 17절에는 "그런즉 누구든지 그리스도 안에 있으면 새로운 피조물이라 이전 것은 지나갔으니 보라 새 것이 되었도다."라고 말한다. 그리스도 안에서 새로운 피조물이 된다는 것은 사람의 영 안에 그의 순결함, 사랑, 화평, 진리, 축복이 임하는 것이다. 믿음은 사람에게 구원을 주며 그리스도를 계속 모시도록 돕는다.

참된 믿음을 가지고 살아간다면 그들 안에 거하시는 그리스도의 생명을 따라 살게 될것이다. 아버지가 사랑하는 것을 사랑하게 될 것이며, 아버지가 미워하는 것을 미워하게 될 것이다. 그의 의로우심과 능력을 따라 영적갱신이 그들의 마음과 삶에 임할 것이다. 십자가에서 이미 끝난 일을 믿는 참된 진리는 참된 거룩함으로 인도할 것이다. 이 모든 것은 그리스도 안에 있다. 이런 믿음이 없으면 구원도 없다.

이상이 우리가 설교하는 영광스런 복음이다. 복음은 거룩하신 하나님을 기쁘시게 하는 종교적인 일이 아니다. 복음은 참 하나님이시자 인자되신 예수 그리스도에 대한 것이다. 그는 우리가 쫓아가야 할 목표이다. 그리스도는 우리를 위해 의를 행하시고 모든 창조물을 자기 안으로 들어오라고 초청하신 온전한 분이시다. 하나님은 우리와 함께 영원한 사랑의 관계를 가지길 원하셔서 그와 사람 사이에 영원하고 깰 수 없는 언약을 만드셨다. 예수님은 이 모든 언약을 하나님과 사람 사이에 완성하셨고, 전 세계에 있는 모든 사람들을 영광스런 생명으로 초청하고 계신다.

> 하나님이 세상을 이처럼 사랑하사 독생자를 주셨으니 이는 저를 믿는 자마다 멸망치 않고 영생을 얻게 하려 하심이니라 하나님이 그 아들을 세상에 보내신 것은 세상을 심판하려 하심이 아니요 저로 말미암아 세상이 구원을 받게 하려 하심이라(요 3:16~17)

모든 자들에게 다가가 하나님 나라의 영광스런 복음을 선포하자. 이 빛과 생명의 메시지를 가지고 어둠 속으로 들어가자.

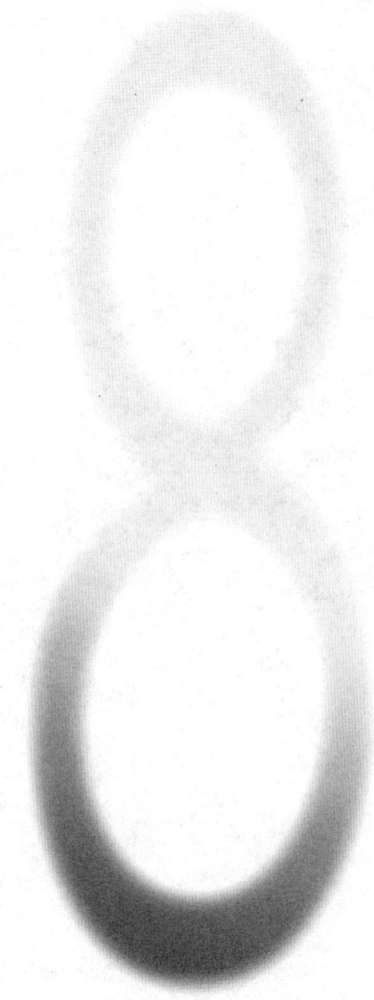

CHAPTER

제8장 제자 만들기

> 그러므로 너희는 가서 모든 족속으로 제자를 삼아…
> (마 28:19)

이제 막 새롭게 태어난 사람들은 음식과 보살핌이 필요하다. 이들은 주 안에서 새로운 아기와 같다. 하나님은 그의 몸을 단순히 복음만 전하라고 부르신 것뿐만 아니라 제자화하기 위해 부르셨다. 하나님의 말씀과 그리스도인과의 사랑스런 교제를 통해 양육받고 보살핌을 받는 사람은 믿음이 더욱 강해질 것이다. 그리스도의 몸은 이제 믿는 자를 제자 삼으라는 특별한 부르심 가운데 있다.

제자들은 단순히 믿는 자일뿐만 아니라 헌신된 추종자다. 예수님은 그의 제자들에게 다음과 같이 명령했다. "그러므로 너희는 가서 모든 족속으로 제자를 삼아 아버지와 아들과 성령의 이름으로 세례를 주고 내가 너희에게 분부한 모든 것을 가르쳐 지키게 하라 볼지어다 내가 세상 끝날까지 너희와 항상 함께 있으리라 하시니라"(마 28:19~20). 이 말씀은 마가복음 16장 15절과는 좀 다르다. "또 가라사대 너희는 온 천하에 다니며 만민에게 복음을 전파하라." 하나는 복음을 전하라는 것이고, 하나는 제자 삼으라는 것이다.

　　몇몇 그리스도인들은 자신이 완전히 회심하지 않는다면 다른 사람에게 복음을 전할 수 없다고 생각한다. 새 그리스도인이 보살핌을 받는 것은 고상하게 보일 수 있지만, 예수 그리스도를 믿는 그들의 믿음만이 사람에게 구원을 준다. 사도행전 2장 21절에는 "누구든지 주의 이름을 부르는 자는 구원을 얻으리라 하였느니라." 로마서 10장 9~10절에는 "네가 만일 네 입으로 예수를 주로 시인하며 또 하나님께서 그를 죽은 자 가운데서 살리신 것을 네 마음에 믿으면 구원을 얻으리니 사람이 마음으로 믿어 의에 이르고 입으로 시인하여 구원에 이르느니라"고 기록되어 있다. 또한, 요한복음 1장 12절에는 "영접하는 자 곧 그 이름을 믿는 자들에게는 하나님의 자녀가 되는 권세를 주셨으니"라고 하였다.

　　구원은 예수 그리스도를 마음으로 받아들이고 영접하는 사람에게 임한다. 그리고 마태복음 16장 16절에서처럼, 베드로가 예수 그리스도가 하나님의 아들이심을 고백한 것과 같은 은혜의 고백을 요구한다. 로마서 10장 13~15절에서 사도 바울은 누구든지 주의 이름을 부르는 자는 구원을 얻게 될 것이라고 가르쳤다. 그러나 사람들이 예수를 믿게 하기 위해서는, 우선, 누군가를 통해 복음을 들어야만 한다. 당신과 나는 영혼을 얻는 기름 부음 안에 걸어갈 수 있다. 예수님은 잃어버린 자들에게 복음을 전하라고 명령하셨다. 복음은 믿음을 잉태케 하는 예수 그리스도에 대한 계시를 풀어준다. 복음을 나눌 때에 우리의 입에서 나간 말이 헛되이 우리에게로 돌아오지 않고 그 일이 다 이룰 것을 확신하라(사 55:11).

1980년, 남편 론과 자녀들과 함께 하와이 호놀룰루로 3개월 간의 전도여행을 다녀왔던 적이 있다. 밤낮으로 노숙자, 중독자, 매춘부, 남창, 범죄자들과 함께 생활했다. 우리는 그리스도의 생명을 주는 메시지를 전하기 위해 그들을 사랑으로 섬기고 상담하고 도와주었다. 하지만, 우리는 금방 그들에게 실망했다. 왜냐하면 그들은 훔치고, 거짓말하고, 모욕감을 주었기 때문이다. 한 달 보름이 지날 때쯤 나의 마음이 굳어지기 시작했고, 3개월이 지난 후에는 인내심의 한계를 느꼈다.

나는 주님께 불평을 늘어놓았다. "우리를 다시 집으로 돌려보내주세요! 이 사람들은 당신에 대해 관심이 없어요. 저들을 보세요. 우리는 계속 그들에게 복음의 진리를 이제껏 계속 전했지만 그들의 마음은 굳어있어요. 그들은 당신, 우리에게 다 무관심해요! 보세요, 우리가 이곳에서 사역을 하는 동안 아무도 구원받지 못했어요!" 나는 자기연민과 의롭지 못한 분노에 뿌리를 둔 불평을 계속 주님께 늘어놓았다.

주님은 확고하지만, 사랑스러운 음성으로 나에게 말씀하셨다. "난 너를 이곳의 사람을 구원시키라고 한 적이 없다!"

난 울부짖었다. "뭐라고요? 그러신 적이 없다고요? 그럼 왜 우리가 여기 있죠? 우리는 당신을 위해 집과 직장, 모든 것을 다 포기했어요."

주님께서 말씀하셨다. "난 복음을 전파하라고 너를 불렀지, 그들에게 구원을 주라고 부른 적은 없다. 구원은 나의 소관이다."

이 말씀은 나를 자유케 하고 짐을 가볍게 했다. 우리는 뭔가를 이룰 필요는 없다. 우리는 단순히 복음을 전하라고 부르심을 받은 것이다. 당신이 단순하게 한 번만 진리의 씨앗을 심으면 그것은 계속 자랄 것이다. 무당과 주술에 깊이 연관되어 있는 한 청년과 이야기를 나눈 적이 있다. 그는 어릴 때부터 초자연적으로 사단적인 대면을 했던 경험을 하고 있었다. 나는 그에게 있는 영적인 배고픔을 사랑이 담긴 몇 개의 말로 격려해 주고 더 높은 영역을 탐구하라고 초청하였다. 그리스도가 옳은 방향이며 우주에서 가장 높은 영에게 기도하는 즐거움을 경험하라고 말한 후, 그에게 그리스도가 계시되도록 기도했다.

나는 구원에 대한 전반적인 메시지를 전한 적도 없고 무엇을 이룬 적도 없다. 하지만, 사랑으로 사람들에게 영적인 탐구를 위해 한 걸음 앞으로 나아오도록 초청하였다. 그 청년은 그리스도인들이 너무 딱딱하고 사랑 없는 방법으로 복음을 전한다고 말했다. 이 말은 나에게 그리스도인들 중에서 자기 몸처럼 구원받지 못한 자들을 돌보는 사람이 별로 없다는 인상을 주었다.

나도 심령술을 위해 꿈 해몽에 심취해 있을 때에 이와 비슷한 경험을 한 적이 있다. 한 그리스도인은 나에게 있는 영적인 민감함과 굶주림에 애정을 가지고 있었다. 그는 예수님의 영광에 대해서 몇 마디의 문장으로 이야기했으며, 그 중 어떤 것은 내 마음에 심겨졌다. 이것은 복음의 기름 부음의 한 본보기이다. 모든 신자들은 이런 목적으로 부르심을 받았다.

하지만, 제자화의 기름 부음은 이와 다르다. 우리가 주님께로 인도한 모든 자들을 제자 삼아야 한다는 부르심은 받지 않았을 수도 있다. 때로는, 지리적으로 너무 멀어 제자화를 할 수 없을 때도 있다. 사도행전 8장을 보면, 빌립은 천사를 통해 어느 방향으로 가라는 지시를 받는다. 빌립이 천사의 지시에 순종하자 마차를 타고 가는 에디오피아 내시를 만나게 된다. 성령님께서 "이 병거로 가까이 나아가라"고 빌립에게 말씀하셨다(행 8:29). 빌립이 에디오피아 내시와 함께 마차를 타고 가며 예수님에 대해 전하자 내시의 마음에 믿음이 들어갔다. 빌립은 그에게 물로 세례를 주었다. 내시가 물에서 나오자 "주의 영이 빌립을 이끌어 간지라 내시는 흔연히 길을 가므로 그를 다시 보지 못하니라"라고 기록하고 있다(행 8:39). 성령님께서 빌립에게 복음의 기회만 주고 그가 내시를 제자화하기 위해 붙잡기도 전에 빌립을 데려 가신 것을 보라. 빌립은 내시에게 교회로 들어오라고 권유하지도 못했다!

새로운 신자들을 보살피는 것도 중요하지만, 우리의 간섭이 없어도 성령님께서 친히 그들을 향한 계획을 이루시고 계심을 신뢰해야 한다. 제자의 삶을 살도록 인도하시는 성령님은 구원의 계시를 주시는 성령님과 같다. 믿음의 창시자요 완성자는 우리나 목사 혹은, 교회가 아닌 예수님이심을 기억해야 한다(히 12:2). 성령님은 한 사람을 제자 삼기 위해 모든 사람과 방법들을 사용하실 수 있다. 만약 우리가 성령님께 순복한다면, 우리는 이 논쟁에서 쉼을 얻게 될 것이다. 나는 그리스도의 몸에서 예언적인 교사로 섬기는 축복을 받았을 때부터, 제자화에 대한 커다란 부담감을 느꼈다. 또한 복음 전도자로서도 쓰임 받고 있지만, 이 두 가지의 기름 부음을 동시에 사용해야 하는 필요성을 느낀 적은 없다.

성령님의 인도를 받게 되면, 우리는 항상 제자화 사역을 섬길 수 있게 준비될 수 있지만, 제자화 사역을 우리가 떠맡은 것이라고는 믿지 않는다. 나는 새로운 신자나 우리 집에 묵고 있는 노숙자를 제자화 하기 위해 몇 달 동안 함께 시간을 보낸 적이 있다. 이런 애정과 관심에도 불구하고 그들은 주님과 동행하기를 원치 않았다. 반면에, 어떤 사람들은 주님께로 인도한 후, 몇 년 동안 보지 못했다. 하지만, 그들을 다시 볼 수 있는 기회를 얻기도 한다. 나는 전혀 그들을 기억할 수 없었지만, 그들은 내가 이제껏 본 적이 없던 신실함으로 주님을 따르고 있었다. 하나님은 제자화에 탁월하시다!

때로는 당신은 씨앗을 심지만 다른 사람이 물을 주기도 한다. 1985년, 젊은이들에게 거리에서 어떻게 전도를 하는가에 대해 강의를 했었다. 환각제를 구하기 위해 마을로 들어온 청년들에게 3명의 그리스도인들이 찾아가 복음을 전했고 죄를 씻는 기도를 해줬다. 이 3명의 그리스도인은 기도 후 마을을 떠났다. 그 뒤, 우리가 그 청년들과 만나 한 동안 많은 이야기를 나누고 기도해 주었다.

12시간 뒤, 새벽 2시 경에 남편과 나는 한 통의 다급한 전화를 받았다. 전화를 한 사람은 바로 그 청년들이었는데, 그들은 지금도 모두 함께 있었다. 그들은 히치 하이킹을 위해 3개의 다른 차에 나눠 탔고, 모두가 그리스도인이 모는 차에 타게 되었다. 각각의 운전사들은 모두 강하게 힘주어 주님에 대해 전했다. 모두가 이런 이상한 상황에 꽤나 충격을 받은 것 같았다. 이 청년들은 자정이 되기 전에 친척을 만나러 교회에 들어갔는데, 마침 '하나님의 약속'에 대한 설교를 듣는 도중, 귀신이 드러나는 일이 생겼다. 그들은 놀라서 다급하게 우리에게 도움과 기도를 요청했다.

우리는 그리스도를 영접하지 않은 두 남자와 친척을 위해 기도해 주었다. 그리고 예수님의 이름으로 귀신을 결박하자 우리 모두의 마음에 하나님의 임재가 넘치는 것을 느꼈다. 다음날 그들은 기쁨이 충만한 채로 거리에 나왔다. 그리고 몇 달 뒤, 나는 그 청년들 중 한 명에 대한 이야기를 들었다. 그는 자기 집에 도착하자마자 교회를 다니기 시작했고, 주님을 사랑하기 시작했다. 보라! 성령님께서 다스리신다!

제자화라는 것은 관계에 의미가 있는 것이지 조직과 연관된 것은 아니다. 우리는 예수님이 제자들과 매일 함께 있는 것을 보게 된다. 예수님은 제자들에게 매일매일 삶으로 가르치셨다. 나는 오늘날 주님께서 우리를 제자화의 영역에 더욱 관계적으로 역사하기 원하신다고 믿는다. 가정 셀 모임은 이런 과정을 돕는다.

하지만, 많은 이들이 구원을 얻은 다음에 교회에 들어가지 못한다. 어느 여름날, 나는 주님에 대해 상당한 배고픔이 있지만, 거절감을 두려워하는 한 성 도착증 환자를 만났었다. 그때 그 근처에 이 사람이 편안하게 치유와 축사를 받을만한 환경을 제공해주는 교회를 알지 못했었다. 대부분의 서구 교회는 이런 일상적인 생활을 하지 못하는 많은 사람들에게 안전하지 못하다.

거듭남의 마음 없이 그리스도께 오는 많은 사람들이 여러 가지 쓰레기들을 가지고 교회로 온다면 우리가 그들을 사랑할 수 있을까? 그들은 교회에서 편안함을 느낄까? 그리스도를 찾기 원하는 뉴에이지나 무당 종사자들은 어떠한가? 자신의 비밀 조직이 얼마나 배신적이고 거짓말을 잘하는 곳인지를 알지 못하는 프리메이슨 사업가는 어떤가? 그들이 문 밖으로 나갈 때 뒤에서 험담할 것인가? 그들을 정죄할 것인가? 그들을 두려워할 것인가? 나쁜 소문을 낼 것인가? 얼마나 제자화에 준비되었는가, 교회들이여.

트랜스젠더들과 호모들을 매춘굴에서 매주 정기적으로 만나 기도해 주는 어느 한 여성과 기도 동역자에게 깊이 감동 받은 적이 있다. 이런 어두운 환경을 걸어갈 때에는 반드시 죄의 겉옷을 입는 것을 경계하고 미워해야 한다. 이 여성들은 자신의 마음을 지키며 매주 각 사람을 위해 기도해 주었다. 비록 호모들은 매춘굴에서 복음 전하기를 원하지 않았지만, 그 여성과 동역자는 이들에게 마음을 열고 친밀하게 관계를 계속 가졌다. 처음에는 호모들이 그 여성과 동역자에게 다가가는 것을 힘들어 했지만, 시간이 지날수록 그들은 그 여성과 동역자를 믿고 도움을 구했다. 이 과정은 길었지만 신뢰감과 우애는 더욱 커져 갔다. 매주 그들을 친구로 만날 때마다 사랑과 진리를 그들에게 쏟아 부었다. 그 여성과 동역자는 전화상으로 뿐만 아니라, 길거리에서도, 게이바에서도, 카페와 호텔로비에서도 제자 삼기 위한 노력을 쏟아 부었다. 매 모임마다 호모들이 사랑과 믿음의 기도에 잠기도록 했다.

나는 그리스도인이 된지 얼마 되지 않았을 때 직장에서도 사람들을 제자 삼아야 한다는 생각에 많은 부담감을 느꼈다. 주님을 믿은 후에도 8개월 동안 의학연구실에서 일했다. 같은 직장에 다니는 직장동료 세 명 중 한 명은 그리스도인이어서, 점심시간과 휴식시간에 하나님에 대해 이야기했다. 비록 공식적인 제자 모임은 아니라 하더라도, 그곳에서 우리는 제자의 삶에 대해 많은 이야기를 나눴다. 그것은 너무나도 영광스러웠다!

나는 관계를 통해 아직 완전히 펼쳐지지 않은 제자사역을 찾을 수 있을 것이라고 믿는다. 오늘날 많은 그리스도인들이 자신의 이웃이 누구인지를 모른다. 시간이 걸리기는 하겠지만 그들을 아는 것은 쉬운 일이다. 우리 모두가 조그마한 친절과 격려에 쉽게 마음을 연다. 이것을 통해 제자 삼는 일을 시작할 수 있다. 만약 우리의 이웃이나 직장동료, 놀이터에서 노는 어머니와 아이들, 운동 동호회, 교회에 온 손님들을 알고자 노력한다면, 제자 삼는 일을 시작할 수 있게 될 것이다. 당신의 집에 사람들을 초청해 커피를 함께 마셔라. 그 사람들을 알고자 노력하면 이 모든 것이 시작된다.

책이나 테이프, 예배와 강의 CD와 DVD나 이메일과 같은 자료들은 제자화의 커다란 도구가 될 수 있다. 우리 사역은 이런 이유로 많은 양의 자료들을 만든다. 성령님께서는 기름 부으심 있는 내용이 담긴 자료들을 통해 수많은 그리스도인들을 제자 삼으신다. 이런 자료들을 통해 기름 부음이 있는 하나님의 마음이 이 땅에 넘쳐나고 있다.

성령님은 제자사역이 풀려지기 위한 수많은 방법들을 가지고 계신다. 우리 모두는 제자화의 기름 부음을 가지고 있으며, 성령님의 인도를 따를 때에 이 기름 부음은 더욱 쉽게 넘쳐나게 될 것이다. 우리는 쉽게 복음을 전하고 제자삼기 위한 기름 부음에 나아갈 수 있다. 왜냐하면 "너희 안에서 행하시는 이는 하나님이시니 자기의 기쁘신 뜻을 위하여 너희로 소원을 두고 행하게 하시나니"(빌 2:13)라고 기록되어 있기 때문이다. 우리가 말씀과 성령으로 충만하다면 우리의 마음과 입에서 지혜가 넘쳐나게 될 것이다. 그분의 인도하심을 받아들이고 제자 삼아라. 아기에게는 많은 사랑과 애정, 좋은 음식과 보살핌이 필요하다. 우리는 그분의 사랑과 가르침을 거저 받았으니, 하나님께서 원하시는 대로 거저 주자.

CHAPTER

제9장 두려움을 극복하기

우리가 그리스도로 말미암아 하나님을 향하여
이같은 확신이 있으니…(고후 3:4)

어떤 형태로든 전도를 해야 한다는 생각은 전도여행을 해보지 않은 사람들에게는 두려움을 줄 수 있다. Extreme Prophetic 학교의 첫 학기가 기억난다. 스테이시 캠블과 나는 교회에서 많은 예언을 하였지만, 거리에서 예언을 해본 적은 없었다. 이제껏 우리 자신도 도전해 보지 못한 영역으로 군대를 이끌고 가는 모습을 우리는 보았다. 우리는 두려움과 싸워야 했다. 만약 예언이 나오지 않으면 어쩌지? 어떻게 사람들에게 다가가지? 저들이 우리를 거절하면 어쩌지? 우리가 실패한다면? 우리가 나쁜 예시를 학생들에게 보여 주면 학생들은 우리를 어떻게 생각할까? 이런 두려움들이 우리에게 있었다. 교회에서는 매우 유창하게 예언을 하지만, 거리에서는 얼어버린 유명한 선지자를 알고 있었던 터라 그 두려움이 더 했다. 안전지역으로 나온다는 의미는 안전하지 않은 곳에서 탈출하는 것을 뜻한다.

나의 첫 경험

나의 첫 사역과 설교 경험을 뒤 돌아보면, 하나님께서 나를 속이셨다는 느낌을 지울 수 없었다. 집에서 멀리 북쪽 지역에 떨어진 한 마을에 사는 토착민 여성에게 전화를 받았다. 그때, 나는 집에 거하며 기도모임을 인도하고 있었는데, 그녀는 갈망하는 목소리로 자신이 속해 있는 그리스도인 모임이 자신의 마을로 전도여행팀을 초청하고 싶어 한다고 말했다. 그녀는 상황을 설명했다.

"지난 몇 달 동안, 우리는 기쁨으로 이 이벤트를 위해 일하고 헌금을 모았어요. 강사로 병을 고칠 수 있는 복음 전도자가 오기를 원했습니다. 그래서 우리가 아는 목사님과 사역자들에게 연락했지만, 어느 누구도 올 수 없었습니다. 우리는 매리 가다드(캐나다에서 알려진 사역자)에게 전화를 했더니 자기는 올 수 없고 대신 당신의 전화번호를 알려 주더군요. 매리가 당신과 당신의 친구인 매릴린에게 성령의 은사에 대해 가르쳤다고 하더군요. 그녀는 당신과 매릴린이 저희를 도와줄 수 있을 것이라 말했어요. 여기 오셔서 저희를 섬겨 주실 수 있습니까? 당신과 매릴린 두 분 다요."

그녀의 요청을 주의 깊게 생각해 보았다. "음, 기도를 해봐야 할 것 같아요." 나는 조심스럽게 설명했다. "왜냐하면 지금 아이들을 계속 돌봐야 하고, 또 남편과 목사님께서 이 문제에 대해 어떻게 생각하는지를 알아봐야 해요."

그녀가 대답했다. "결정을 내리기까지 저희가 드릴 수 있는 시간은 두 시간 정도예요. 결정이 된다면 바로 내일 여기로 오셔야 되거든요. 이벤트는 모레에 시작해요."

전화를 끊었을 때 난 충격에 사로잡혀 있었다. 몇 년 동안 나와 함께 기도를 해왔던 동역자인 매릴린은 나와 이미 함께 집에 있었고, 목사님도 기도 모임 때문에 우리집에 있던 터였다. 난 목사님께 물어보았다. "어떻게 생각하세요? 두 시간 뒤에 전화가 와서 '예' 라고 말한다면 우리는 내일 당장 떠나야 해요."

목사님은 우리를 보시고는 힘 있게 말씀하셨다. "복음을 전하는 것은 하나님의 뜻인지 아닌지를 묻기 위한 꿈이나 환상을 필요로 하지 않습니다. 성경에서 이미 가라고 기록되어 있습니다. 하나님의 말씀을 따라 가십시오!" 남편도 목사님과 뜻을 같이했다. 우리는 내일 출발하기로 결정했다.

우리는 1주일 이상 아이들을 돌볼 친구들을 찾아야 했고, 나는 짐을 꾸리고 준비하느라 우리가 그들에게 무엇을 요구해야 할지에 대해 생각할 겨를이 없었다. 다음날 비행기에 오를 때에 매릴린에게 말했다. "우리가 지금 뭐하고 있는지 아니?"

그녀는 당황했다. "뭐?"

"우리는 십자군처럼 복음 전도자로 가는 거야. 십자군으로 복음을 증거한 적이 있니?"

"아니" 매릴린이 대답했다.

불행히도 나 역시 똑같은 대답이었다. "나도 그래" 갑자기, 두려움이 몰려오기 시작했다. 우리는 비행기 조종사가 기수를 반대로 돌렸으면 했다. 우리 자신을 돌아볼 때, 한 가지 분명한 사실은, 우리에겐 이 명령을 행할 능력이 아직 없다는 것이었다.

우리가 두려움에 빠져 있는 동안 성령님께서 우리에게 임하셨다. 우리는 고린도전서 12장에 나오는 성령의 은사 중 하나인 방언에 대한 가르침이 생각났다. 우리는 방언이 거룩한 믿음을 일으킨다고 가르침을 받았다(유 1:20). 방언은 영적인 충전기를 재충전하는 것과 같은 것이다. 이 영적인 연습이 하나님의 영광과 영화로움을 당신 안에 풀어놓게 할 것이다. 우리는 비행기 안에서 방언으로 기도하기 시작했다. 배터리가 빨리 채워지기를 원하듯이 빠르게 기도했다. 물론, 큰 소리로 기도하지는 못했다.

목적지에 도착하자, 세 명의 아름다운 토착민 여성들이 우리를 맞이했고, 세 시간 반 정도의 거리에 있는 마을로 차를 몰기 시작했다. "오늘밤 기도 모임이 있을 거예요." 짐을 짐칸에 실어준 여성이 말했다. "당신도 기도모임에 같이 동참하시겠어요? 십자군을 위한 특별한 기도모임이에요." 기도 모임의 중보자로써 참여하는 것은 편안하고 자신감 있는 일이었다. 우리는 기도하기를 사랑한다. 그래서 기꺼이 참여하기로 했다.

'지금부터 세 시간 반 정도 차를 타고 가는 동안 계속 방언으로 기도한다면 우리를 강건하게 해줄 거야.' 이 생각이 우리 모두의 마음에 스쳐 지나갔다. 그래서 우리는 뒷좌석에 앉아 계속 성령의 인도하심을 따라 방언으로 기도하기 시작했다. 하늘의 중보기도를 열정적으로 하는 동안, 앞좌석에 앉아 있는 사람들이 긴장하고 두려움에 사로잡혀 있는 모습을 보게 되었다. 나는 생각했다. '이런, 저들이 방언이 무엇인지 얼마나 알고 있을까?' 내가 이런 생각을 할 때에 주님께서 내게 말씀하셨다. "저들은 내가 누구인지 모른단다." 나는 운전수가 최근에 거듭났다는 사실을 알았다. 다른 두 명은 구원이 무엇인지조차 알지 못했다. 말할 필요 없이, 우리는 복음을 그들에게 전했고 그들은 영광스럽게 다시 태어났다. 나는 생각했다. '복음 전도자로 부름을 받는 일은 어려운 것이 아니군. 벌써 두 명을 주님께로 인도했어.'

우리는 성령 충만과 방언에 대해 나누기 시작했고, 차 안에서 그들을 위해 기도했다. 그녀들 모두가 그 자리에서 성령으로 충만해졌고 천국의 언어를 말하기 시작했다. 지금, 다섯 명이 방언으로 기도하며 마을로 가고 있다. 모두가 정말 좋은 '배터리 충전'을 받았다! 나중에 안 사실은, 그때 북미지역에서의 첫 사역이 내 인생에서 가장 흥미로운 사역이었다.

두 시간 뒤에, 한 폭의 그림처럼 새해 첫 눈이 쌓여 있는 나무집들이 옹기종기 모여 있는 마을에 도착하였다. 우리는 기묘한 모양의 가톨릭 성당 주차장에 차를 주차시키고 그 안으로 들어갔다. 기도 모임의 분위기는 이제껏 우리가 해왔던 형태의 기도와는 뭔가가 틀렸다. 우리는 주중에 하는 의식적인 분위기의 기도모임에 참여했다. 기도모임 중에 행해졌던 의식의 모든 것을 다 이해하지는 못했지만, 우리는 그들과 함께 기도하는 걸 즐겼고, 또한 기도모임에서 느껴지는 느낌을 사랑했다. 기도모임을 마칠 때쯤 리더가 "우리 마을에 복음 전도자가 왔습니다."라며 우리를 소개했다.

복음 전도자라고 불리는 것이 왠지 어색했는데, 그것은 마치 복음 전도자가 내 직업인 것 같은 느낌이었다. 나는 매릴린에게 속삭였다. "저들은 아마 우리가 단순한 가정주부라는 사실을 모를 거야. 정말로 복음 전도자라고 생각하는 것 같아."

리더의 다음 말이 나를 두렵게 했다. "여기 나오셔서 모임을 계속 인도해 주시면 고맙겠습니다."

나는 굉장히 놀라 파트너를 쳐다봤다. 그녀도 충격을 받은 듯한 눈으로 나를 쳐다봤다. "너 이런 모임 전에도 인도해 본 적 있어?" 당황하며 속삭였다.

그녀는 대답했다. "아니. 아니. 아니."

매릴린은 설교를 세 번 정도, 나는 한 번 한 경험이 있었다. 그때 나는 첫 설교를 하기 위해 매일 거울을 보며 연습했고, 그냥 그렇게 여름을 보냈다. 이런 맹연습을 했음에도 불구하고 몇 명 되지 않는 여성들 앞에서 설교를 하려고 하니 두려움에 완전히 얼어버렸었다. 나는 생각했다. '지금 우리에게 나눌 것이 무엇이 있지?'

우리는 리더의 말을 잘못들은 것이었으면 좋겠다는 조그만 희망에 빠졌다. 하지만, 리더는 다시 우리에게 말했다. "앞으로 나오셔서 모임을 인도해 주세요." 우리는 두려움과 떨림으로 순종했다.

매릴린은 체격이 작지만 나는 체격이 좋다. 서로 정반대다. 우리는 두려움 속에서 사람들 앞에 섰다. 거짓 웃음조차 나오지 않았다. 뭘 해야 할지 몰랐다. 사람들은 우리들에게 굉장한 기대감을 가지고 쳐다보았지만, '우리는 이제 끝났구나'라고 생각했다. 할 말을 잃었다. 하지만, 우리가 무엇을 해야 할지 모를 때 하나님은 우리를 결코 내버려두지 않으신다. 할렐루야! 하나님은 우리가 필요로 하는 모든 것을 공급하시는 분이시다.

할말을 잃고 사람들 앞에 서 있을 때, 갑자기 나에게 반짝거리는 아이디어가 떠올랐다. '저들에게 인사할 수 있어. 마땅히 해야 할 일이야.' 그래서 말했다. "안녕하세요, 예수님의 이름으로 문안드립니다." 긴 침묵이 흐른 후, 나의 마음에서 나오는 생각들을 주섬주섬 연결했다. "이곳에 초대해 주셔서 감사합니다. 저희 남편과 목사님, 그리고 저희 교회가 여러분께 안부를 전해달라고 했어요." 불행하게도, 나는 인사부분을 너무 빨리 써버렸다. 나의 신실한 친구는 내가 말하는 동안 얼어붙은 웃음을 지으며 고개를 기계처럼 끄덕거렸다. 그녀의 행동은 나에게 어느 정도의 위로를 주었지만, 계속 말을 이어갈수록 그녀는 더 이상 그렇게 행동하지는 않았다.

다음에 무슨 말을 해야 할지 도무지 감이 오질 않았다. 잠시 뒤, 주님께서 나에게 말씀하셨다. "지난 여섯 달 동안 성령의 은사학교에 있을 때에, 어린 아이와 같은 믿음으로 나의 은사를 행하라고 배우지 않았니? 지금이 딱 적절한 시기란다. 믿음으로 행하라."

나는 생각했다. '메리 가다드가 행했던 것처럼 우리도 해야 해. 무슨 일이 일어날지 한 번 보자.'

나는 하나님께 들은 음성을 듣고 자세를 가다듬어, 나의 마음에서 나오는 믿음의 생각을 말했다. "여기 두통이 있는 분이 계십니다." 사람들에게 이 말을 외치자 믿음이 풀리기 시작했다. 나는 생각했다. '와우, 난 지식의 말씀을 정확하게 받았어.' 나는 이런 하나님의 생각을 받을 때 이 장소에 얼마나 많은 사람들이 두통을 겪고 있는지 알지 못했다. 믿음으로 한 걸음 나간다는 것은 땅이 흔들리는 일을 하는 것이 아니라, 풍성한 사역을 일으키는 간단한 말을 하는 것이다. 사실, 내 말이 상식적으로 이해하기 힘들 것임을 알았다. 첫 번째 지식의 말씀이 나오자마자 다시 두 번째 말씀이 나왔다. "여기 또 등이 아프신 분이 있습니다." 물론 나는 얼마나 많은 사람들이 등이 아픈지를 알지 못했지만 하나님은 은혜로우시다. 나는 이 두 개의 지식의 말씀을 받은 것에 흥분했다. 이제는 내 마음속에 팝콘이 터지는 것처럼 하나님의 생각들이 나오기 시작했다. 매릴린 역시 지식의 말씀을 받았고 그 양은 더욱더 늘어났다.

성령의 은사학교에 있는 동안, 메리는 지식의 은사와 관계있다고 느끼는 사람은 기도사역을 위해 앞으로 나오라고 했다. 우리는 믿음으로 기적들이 일어나기를 기도했다. 이 학교에 있는 동안 우리는 하나님께서 강력하게 일하시는 모습을 보았다. 이 학교는 내게 사람들이 앞으로 나와 기도사역을 받도록 초청할 수 있게 용기를 주었다. 나는 확신 있게 선포했다. "오늘 밤 주님께서 이곳에 기적을 베푸실 것입니다." 메리 가다드가 한 것처럼 믿음으로 이 말을 했지만 아무런 성령의 기름 부음이나 능력을 느낄 수 없었다. 내가 말을 마치자 사람들이 앞으로 나와 줄을 섰다. "이제 앞을 보시면서 옆으로 줄을 맞추어 주세요. 기적이 일어날 수 있도록 믿음의 기도를 해 드리겠습니다." 매릴린을 보면서 말했다. "나는 여기서부터 기도할 테니 너는 저 끝에서부터 기도해 오는 게 어때? 그럼 중간에서 만날 거야."

단순한 믿음으로 사역을 시작하자 사람들이 성령의 능력 아래 쓰러지기 시작했다. 우리가 기도하는 모두가 쓰러지는 것은 초보자의 축복처럼 느껴졌다. 하나님의 능력이 모든 사람에게 임했다. 얼마나 놀라운가! 매릴린과 내가 중간에서 만났을 때, 도미노처럼 쓰러진 사람들만이 우리의 주변에 있을 뿐이었다. 나는 순진하게 말했다. "복음 전도자가 된다는 건 재미있는 일이군. 이건 어려운 일이 아니라 단순한 기도모임이잖아. 내일 십자군 행사까지 기다리는 게 힘들겠네."

그날 밤 우리는 베개 속에 머리를 파묻고 잠에 빠졌다. 다음날 아침 누군가가 노크를 할 때 우리는 여전히 잠옷차림으로 자고 있었다. 어제 기도모임에 참석했던 몇몇 사람이 흥분하며 우리에게 말했다. "어젯밤 하나님께서 어떤 일을 하셨는지 마을사람 모두가 다 들어요. 하지만, 많은 사람이 모임에 참석하지는 못해요. 당신이 오셔서 기도해 주셨으면 해요." 그래서, 우리는 하루 종일 가가호호 집을 방문하며 아픈 자들을 위해 기도하고 굶주린 자들에게 복음을 전했다. 모든 가정이 그리스도를 영접하도록 기도했고, 기적적인 방법으로 성령님께서 그들에게 임하시도록 기도했다. 우리는 이 사람들과 함께 있는 동안 너무 많은 것을 배웠다.

매릴린과 나는 정말 복음 전도자가 된 느낌이 들었다. 우리는 항상 무엇을 해야 할지 몰랐지만 하나님을 신뢰했다. 우리는 항상 하나님께서 무엇을 하길 원하시는지를 물었고, 항상 말씀하신 대로 행했다. 하나님은 믿음의 길을 걷는 사람들을 명예롭게 하신다. 하나님은 진실로 모든 격려의 하나님이시다. 하늘을 나는 마음으로, 하루 종일 '선교 탐방'을 했다. 오후 4시에 '강사 모임'을 위해 자리를 옮겼다.

이제껏 한 번도 강사를 해본 적이 없기 때문에 강사 모임은 처음이었다. 매릴린과 나는 생각했다. '이제 강사 모임에 왔습니다. 이곳에서 무엇을 하길 원하십니까?' 진행팀과 우리는 스케줄과 앞으로 있을 모임에 대한 기대감을 나누었다. "오늘 밤은 다른 곳에서 강사님이 오실 겁니다. 그러니 오늘은 설교를 안 하셔도 됩니다." 진행팀이 우리에게 설명했다(속으로 나는 매우 만족하고 안도했다. 하지만, 이 일이 중단되기를 원치 않았다). "내일 우리에게 축사에 대해 가르쳐 주십시오. 어떻게 주술로부터 자유로워질 수 있는지에 대해 가르쳐 주십시오. 많은 사람들이 주술에 깊이 연관되어 있습니다. 우리는 귀신들을 쫓아내고 싶습니다. 그리고 중독과 자살, 살인충동으로부터 구해 주십시오."

축사사역에 대한 세미나에 몇 번 참석해 예수 이름으로 귀신을 쫓아낸 강사들의 간증을 들었지만, 직접 귀신을 쫓아낸 적은 한 번도 없었다. 마음속에 다시 두려움이 찾아왔다. 하지만, 조그만 목소리가 내 안에 들려왔다. '축사사역을 하는 게 좋을 거야. 어떻게 되든지 간에 우리가 할 수 있는 방법대로 그들을 섬기면 돼.' 매릴린이 탁자 밑으로 나의 다리를 툭툭 건드리며 나를 바라보았다. '도대체 어떤 세상으로 우리를 인도하시나요?' 모임이 끝난 뒤에 그녀가 말했다. "그냥 한다면 어떻게 해. 귀신을 쫓아내 본 적이 있어?"

나는 정직하게 대답했다. "아니, 한 번도 해본 적이 없어. 하지만, 우리가 해야 한다는 느낌이 있어."

그러자, 매릴린이 나에게 다시 물었다. "난 한 번도 축사사역에 대해 가르친 적이 없어. 넌 해봤어?"

"아니." 나는 대답했다. "하지만, 나에게 간단한 계획이 있어. 오늘밤, 모임에 참석해 사람들과 함께 기름 부음을 즐기고, 강사의 설교를 들은 후, 호텔로 돌아와 축사에 대한 성경말씀을 찾아보는 거야. 예수님께서도 귀신을 쫓아내셨잖아. 내일, 그 말씀을 사람들에게 읽어준 후에 메리 가다드가 우리에게 나눠준 간증을 말하는 거야(우리에게는 어떤 경험도 없기 때문에 간증거리가 없었다). 말씀을 읽고 간증을 나눈 다음에 자기에게 귀신이 있다고 느끼는 사람은 앞으로 나오라고 하면 될 거야. 그러면, 우리가 믿음으로 기도를 해주면 되지. 일단은 시도해 보고 결과가 어떨지는 하나님께 맡기자고."

주님을 섬길 때에는, 지적이고 교양있는 행동으로 모든 것을 행할 필요는 없다. 하나님은 단순한 믿음과 어린 아이와 같은 순수함을 사랑하시고 좋아하신다. 무엇을 해야 한다는 부담감은 어깨에서 털어

내고, 있는 모습 그대로 행하라. 이것이 우리가 행한 일이었다. 우리는 마을 사람들과 함께 시골풍의 커다란 오두막 안에서 불을 피우고 컨트리 웨스턴풍의 밴드의 음악에 맞추어 주님의 선하심을 기뻐했다. 우리는 환경적인 불편함과 내일 무엇을 해야 할지에 대한 걱정도 완전히 잊어버린 채 예배드렸다.

예배를 드린 후, 모임의 리더가 말했다. "제가 한 가지 말씀드릴 것이 있습니다. 기쁜 소식이 있고 나쁜 소식이 있습니다만, 먼저 나쁜 소식을 알려드리겠습니다. 오늘 오기로 약속한 강사님이 고속도로에서 차가 고장 났다고 연락이 왔습니다. 강사님은 이 모임에 참석하지 못할 것입니다. 하지만, 좋은 소식은 이곳에 복음 전도자 두 분께서 와 계시다는 겁니다."

급하게 머리가 돌아가기 시작했다. 나는 생각했다. '당연히 매릴린이 나보다 선임자니까 이 시간을 인도해야 하는 것이 마땅해.' 나는 그녀에게 속삭였다. "리더분이 너에게 말씀하셔. 너는 복음 전도자고, 나는 너의 중보기도자야."

매릴린은 하나님에 대한 커다란 이해력을 가지고 있었다. 그녀에게 설교원고가 없더라도 그녀의 마음속에서는 항상 설교가 넘쳐났다. 몇 년 동안, 매릴린은 하루에 몇 시간씩 기도에 힘쓰고 말씀을 연구했다. 당신이 매일 말씀을 읽고, 그분의 약속을 묵상하면서, 주님과 동행한다면, 그분이 부르실 때 언제든지 준비되어 있을 수 있다. 들어온 것이 있으면 나가는 것이 있다. 그녀가 설교하기 위해 커다란 강대상에 섰을 때 머리만 희미하게 보였다. 그녀는 자신에게 조용히 말했다.

'뭘 해야 하지? 뭘 이야기해야 할지 모르겠어.'

　　주님께서 그녀에게 대답하셨다. "티슈의 예시를 기억하라!" 우리는 이런 내용을 예언학교에서 훈련받았다. 티슈를 한 장 뽑을 때 다른 한 장이 또 나온다. 다음 한 장을 뽑으면 또 나온다. 이와 비슷한 방법으로, 하나님께서는 그분의 말씀을 한 번에 한 문장씩 주신다고 배웠다. 예언은 처음 말을 시작할 때, 다음 말씀도 하나님께서 주실 것이라는 믿음으로 시작한다. 주님께서 매릴린에게 말씀하셨다. "한 번에 한 문장씩 설교를 계속하라." 그녀는 그렇게 설교했다. 그녀는 너무나 은혜로운 설교를 했다. 거의 60명이나 되는 사람들이 다시 태어났으며, 100명의 사람들이 성령의 충만함을 받았다. 행사 첫 날밤 치고는 나쁘지 않은 결과였다.

　　우리는 다음날 새벽까지 성경을 읽으며 축사에 대해 연구했다. 다음날, 우리가 이 방면에 경험이 부족함에도 불구하고 하나님은 우리와 함께 하셨다. 우리는 축사사역이 필요한 사람이 있다면 앞으로 나오라고 초청했다. 우리는 축사사역이 일어날 것이라고 굳게 믿었으며, 사람들을 앞에 모으고 아주 단순히 예수의 이름으로 악한 영을 꾸짖고 떠나라고 명령했다. 그러자 갑자기 사람들이 성령의 능력 아래 비명 지르고, 흔들리고, 떨었다. 하나님이 그들을 영적인 묶임으로부터 자유케 하시는 것이다. 정말 예수의 이름에는 능력이 있다. 그는 자신의 약속을 잘 지키신다. 그분의 사랑과 자유함으로 만져지는 사람들을 보는 것은 얼마나 놀라운 일인가! 마을의 한 무당이 우리를 저주하기 위해 십자군 모임에 참석했다가 구원받고 성령의 충만함을 입어 자유케 되었다. 그녀는 회심 후에 즉시 주술도구와 부적을 태워버렸다.

좋은 소식은 빨리 퍼진다. 우리는 이 사역으로 인해 축사사역자로 널리 알려지기 시작했다. 기대하지도 않았던 일이다. 십자군 모임에서의 간증들이 주위 마을에도 퍼지기 시작했다. 거듭되어 초대받기 시작했고, 요즘도 우리가 사는 주의 북부지역을 자주 가고 있다. 고립된 지역으로 배를 타고 건너가기도 했으며 내 가족도 함께 가기도 한다.

우리는 너무나 놀라운 일을 이 시기에 경험하고 배웠다. 우리는 모닥불에서 요리하기, 생선말리기, 무환자나무에서 인디언 크림 만들기, 사슴사냥, 연어사냥과 같은 토착민 문화를 경험했다. 토착민들은 손님대접을 즐기고, 너무나 너그럽고, 사랑스러우며, 예수님의 사랑과 능력을 갈망하며 배고파 한다. 그들은 그리스도가 진리라는 것을 아는 영적인 민감함을 풍성하게 가지고 있다. 토착민 중 많은 사람들이 너무나 쉽게 구원받고, 치유 받고, 자유함을 누렸다. 우리는 수많은 기적과 기사, 표적을 증거 했다. 우리가 그분을 신뢰할 때마다 능력으로 오셨다. 린다 프린스와 함께 이런 사역을 한 것은 나에게 너무나 커다란 특권이다. 그녀는 역동적이며 사도적인 하나님의 사람이다. 린다는 우리에게 수많은 영감과 통찰력을 주었다. 나는 그녀와 함께 한 것을 영광으로 생각한다.

한 마을에서는, 모든 마을 사람들이 그리스도를 구주로 알기 위해 모임에 나왔었다. 어떤 특별한 모임에서는 많은 사람들이 알코올 중독, 살인의 영, 주술로부터 초자연적인 구원을 받았었다. 몇 년 뒤에, 두 명의 토착민 선교사가 기독교 TV에서 인터뷰 하는 것을 보았는데, 진행자가 "어떻게 구원받았습니까?"라고 묻자, 그들은 "두 명의 미친 여자들이 우리 마을에서 복음을 전했어요. 우리는 알코올중독으로부터 강력하게 주님의 치유를 받았어요."라고 대답했다. 그들의 이야기를 듣고 있으니, 우리가 있었던 마을의 모임에 참석한 사람일 것이라는 생각이 들었다. 이 두 명의 토착민 선교사는 지금, 하나님 나라의 최전방에서 일하고 있다.

두려움을 극복하기

우리 각자는 너무나 많은 잠재적인 은사를 가지고 있지만, 두려움 때문에 가장 커다란 기회를 놓치고 만다. 실패에 대한 두려움, 거절에 대한 두려움은 하나님의 부르심으로부터 뒤로 물러서게 한다. 새로운 영역의 모방은 더욱더 커다란 길을 만든다. 이것은 영적 성장의 한 부분이다. 물론, 돌부리에 걸려 넘어지거나 길이 막히는 실패도 있을 수 있다-이것은 우리의 관점에 달려 있다. 만약 믿음의 한 걸음을 내딛지 않는다면, 결코 기름 부음을 알지 못할 것이다. 기름 부음이 더욱더 늘어나도록 허락하라.

아기는 걷기 전에 걷는 방법을 배우지 않는다. 나는 내 손자가 처음으로 걷던 장면을 기억한다. 다른 아이들보다는 시기적으로 빠른 성장이었고, 그때 손자는 걷다가 넘어졌지만 다시 일어나기 위해 힘썼다. 더 많이 걸을수록 걸음마가 더욱 안정되었고, 9개월부터는 넘어지지 않고 계속 걷기 위해 애썼다. 비록 힘들어 많이 울기도 했지만, 계속 시도했다. 지금 손자는 너무나 잘 걷고 있고, 앞으로 더 잘

할 것이다. 걸음마를 배우는 시기에 아기가 넘어졌을 때, 아기를 보고 화내는 부모가 있을까? 물론, 아무도 없다. 아마 이런 말은 들어본 적이 없을 것이다. "무슨 일이니? 넘어지지 않고 계속 걷지 못한다면, 힘들게 걷지 않아도 돼." 당신이 걸음마를 시작했을 때, 주위에서는 계속 웃으며 더 많이 걷도록 이리오라고 손짓하고 격려했다. 하늘에 계신 아버지께서도 우리가 믿음의 걸음을 걷게 될 때 같은 반응을 보이신다.

무지와 실패를 두려워하지 말라. 하나님의 대위명령을 행할 때, 극복하는 자로써 두려움이 당신의 얼굴에서 떠나는 것을 보게 될 것이다. 성령님께서 당신의 잠재력을 통해 하실 수 있는 모든 가능성을 열어두라. 하나님의 위대하심이 당신을 기다린다. 하나님께서 당신의 삶의 커다란 모험 속으로 당신을 초청하고 계신다. 하나님께서 어둠 속에서 빛을 내도록 초청하고 계신다. 걸음을 내딛지 않겠는가!

> 우리가 그리스도로 말미암아 하나님을 향하여 이같은 확신이 있으니 우리가 무슨 일이든지 우리에게서 난 것 같이 생각하여 스스로 만족할 것이 아니니 우리의 만족은 오직 하나님께로서 났느니라 저가 또 우리로 새 언약의 일군 되기에 만족케 하셨으니 의문으로 하지 아니하고 오직 영으로 함이니 의문은 죽이는 것이요 영은 살리는 것임이니라 (고후 3:4~6)

CHAPTER

제10장 하나님의 미디어 군대

하늘에 있는 군대들이 희고 깨끗한 세마포를 입고
백마를 타고 그를 따르더라(계 19:14)

    국가 간의 전쟁에서 하늘을 재패하는 자가 전술적인 이점을 가지게 된다. 나는 2004년 9월에 하나님의 미디어 군대가 이런 전략적인 이점을 가지게 될 것이라는 꿈을 꿨다. 나는 하나님께서 강력한 미디어 군대를 일으키시는 데, 그 대부분이 청년인 것을 보았다. 또한, 사도들, 선지자들, 복음 전도자들, 교사들, 목사들이 미디어로 하나님을 섬기기 위해 규칙을 바꾸는 것을 보았다. 이 보병사단은 스크린 작가, 필름 제작자, 라디오방송가, 텔레비전 프로듀서, 카메라 기사, 편집자, 웹 미디어 제작자, 배우 등으로 구성되어 있다. 이들 모두가 함께 주님을 위해 하늘을 정복하고 치명적이고 전략적인 자리를 잡고 있었다.

    그러자, 악한 미디어 군대가 거룩한 군대에 대항하기 위해 일어났다. 꿈속에서 사단이 둘째 하늘에서 회의를 개최하여 거룩한 미디어 군대를 몰아내기 위해 총력을 기울였다. 에베소서 2장 1~2절에는

"너희의 허물과 죄로 죽었던 너희를 살리셨도다 그때에 너희가 그 가운데서 행하여 이 세상 풍속을 좇고 공중의 권세 잡은 자를 따랐으니 곧 지금 불순종의 아들들 가운데서 역사하는 영이라"고 기록되어 있다. 공중의 권세 잡은 자, 사단은 이 세상을 죄악의 어두움으로 덮기를 원한다. 하지만, 주님은 하늘에 하나님의 권세 있는 나라를 세우기 위해, 강력한 군대를 일으키신다. 지금 이 미디어로의 부르심에 응답하는 것은 매우 중요하다. 우리는 반드시 이 전쟁에서 이겨야 한다!

미디어로 부르심

2003년 1월 어느 날 저녁, TV를 틀자 뉴에이지 예언자, 영매, 심령술, 근원이 다른 초자연적인 현상들이 화면에 넘쳐 났다. 한 거짓 예언자가 나와 마술과 영적인 능력을 선보였다. TV 방송을 시청하던 중 나의 영혼은 고통스러워 그 순간 주님께 물었다. "주님, 이런 대적들이 일어날 때 참 선지자는 어디에 있습니까? 아버지, 당신의 음성은 어디에 있습니까? 방송 미디어 전파에 예언적인 교회는 어디에 있습니까?"

세속적인 미디어가 우리 문화의 대부분을 지배한다. 사람들의 마음을 사로잡는 그 무엇이 공중에 있다. 미디어의 영향력을 본다면 왜 음란의 어두움이 이 세상에 넓게 퍼졌는지 이해할 수 있다. 날마다 하는 TV쇼나 영화, 잡지에는 음란함과 비기독교적인 것들이 이미 보편화되어 있다. 미디어는 화면으로 보여줌으로써 우리도 그것을 원하도록 만든다. 타락, 폭력, 반항, 욕설과 같은 사회폭력의 대부분은 미디어를 통해 만들어진다.

공중 전파는 주님의 것이다

하나님은 모든 것의 주인이시며 우리는 그의 청지기다. 방송전파도 이와 동일하다. 교회가 하나님의 영역인 방송전파에서 권위를 포기했을 때, 나쁜 영향력들이 전파를 채웠다. 전파에 있는 부패와 부도덕함에 대해 비판하거나 TV를 끄는 것만으로는 충분하지 않다. 우리는 반드시 이 영역을 되찾아야 한다.

2003년 1월 저녁, 주님은 내 마음을 몹시 무겁게 하는 개인적인 임무를 주셨다. 주님은 거짓으로 모조된 대적이 일어나는 것에 대항할, 참 선지자의 표준을 세우도록, 믿음으로 일어나 앞으로 나아가기를 원하셨다. 교회가 물러선 이 영역을 다시 되찾아야 한다. 이것을 위해 내가 한 일이 무엇이었던가? 하나님께서는 최근 여러 해 동안 이 영역을 회복하기 위해 사람들을 계속 부르셨다. 이 신실한 개척자들을 통해 영역이 회복되고 공중전파에서 그리스도인의 모습을 볼 수 있게 되었다. 하지만, 하나님의 진리에 기초한 프로그램들은 대부분 기독교 채널에 숨어있거나 교회 예배에만 사용된다. 물론, 이것은 매우 중요하고 좋은 일이다. 하지만, 비기독교적인 영역과 구원받지 못한 사람들이 거하는 영역에는 어떠한가? 어떻게 예배에 참석하는지도 모르고 메시지를 들어보지 못한 영적으로 굶주린 사람들에게 어떻게 다가갈 것인가? 그날 밤 주님은 내게 말씀하셨다. "네가 이 영역을 책임지지 않겠니?"

나 자신에게 물었다. '교회문화에는 관심이 없지만 영적인 공허함에서 채움 받기 원하는 사람들에게 다가갈 수 있는 방법이 있나? 영적으로 배고픈 사람들에게 그리스도에 대한 계시를 주기 위해 진정한 예언을 해줄 방법이 있나?' 나는 이 영역에 준비된 선지자들이 일어나도록 뜨겁게 기도했다. 그때, 성령님께서 내게 물으셨다. "내가 세우는 미디어 군대의 한 명이 되지 않겠니? 나를 위해 가지 않겠니?" 나는 즉시 대답했다. "아니요!"

나는 하나님께 내가 왜 이 영역에 적합하지 않은지를 설명했다. 프로그램 제작에 경험이 없고, 훈련받지도 않았고, TV에 나오는 건 생각도 하지 않았으며, 재정도 없고, 미디어 분야에 경험 있는 사람도 주위에 없었다. 그래서 다른 사람이 일어날 수 있도록 계속 기도하겠다고 주님께 약속했다. 그러자, 성령님께서 내게 말씀하셨다. "너에게 능력, 사람, 재정, 자원이 부족했던 것이 문제가 된 적이 있었니?"

그때, 나는 주님이 원하시는 것이 있다면 내가 하겠다고 말했다. 그것이 TV 프로그램의 제작이라 할지라도. "하지만" 나는 말했다. "반드시 저를 도와주셔야 합니다. 왜냐하면 이것을 어떻게 시작해야 할지 도무지 감이 잡히질 않습니다."

Extreme Prophetic Television

"예언적인 일을 위해 이것을 취하라"고 성령님께서 말씀하시는 것을 느꼈다. 그분은 전략을 주시기 시작했다. 수많은 이미지와 세뇌적인 메시지를 만드는 할리우드에 Extreme Prophetic이라는 프로그램을 제작하라고 하셨다. "오락 산업에 있는 바빌론 시스템의 급소를 찔러라." 바빌론 시스템이란 성경에서 세속주의, 인간중심주의, 교만, 돈을 사랑함을 말한다. 다른 말로, 바빌론 시스템은 모든 것이 인간의 이름과 명성에 초점이 맞춰져 있다. 이세벨(조종의 영)의 영과 리워야단(악어의 영으로 교만을 상징)의 영과 같은 악한 영들이 사람들의 삶을 파괴하기 위해 바빌론 왕국에 숨어있다. 할리우드는 이 두 영의 지배를 받고 있다. 여러 해 동안 그리스도인들이 신실하게 일어나 악한 영이 다스리는 오락 산업에 파고들었다. 그들의 믿음으로 인해, 바빌론의 견고한 요새가 무너지고 있다! 'The Call: Hollywood'와 같은 사역들과 중보적인 행사가 개최되어 그의 길을 예비하고 있다.

주님은 우리가 할리우드에서 프로그램을 만들고, "하나님의 예언적인 교회가 여기 있다!"고 세상을 향해 공포하기를 원하셨다. 나는 오락 산업의 죄의 근원지인, 라스베가스의 TV쇼로 눈을 돌렸다. 이 사역의 목표는 공중파에서 거짓을 외치는 바빌론 시스템에 대항하는 예언적 중보의 기준을 세우는 것이다. 시기에 맞춰서 수많은 그리스도인들이 동시에 비슷한 임무를 받았다. 어떤 사람은 이미 몇 년 전부터 방송 분야에서 선두주자로 개척하고 있었다. 방송으로의 부르심은 예언적이고, 중보적인 행위이다. 나는 공중파를 위해 기도하는 사람들과 방송무대에 올라올 선지자들이 더 늘어날 것이라 생각한다. 정직하게 말해서, 이 내용 말고는 다른 구체적인 것은 더 이상 오지 않았다. 비전만 가지고 있었지, 어떻게 시작해야 할지 몰랐고, 무엇부터 해야 할지도 몰랐다. 그래서 주님께 도와달라고 기도했다!

2주 뒤에, 캘리포니아 레딩에 있는 빌 존슨의 교회에서 예언 컨퍼런스를 인도하고 있었다. 쉬는 시간에, 갑자기 기독교 컨퍼런스에 참석한 적도 없고 강사에게 찾아가서 말해 본 적이 없는 한 여자가 찾아와서 내게 설명하기 시작했다. 성령님께서 자기를 나에게 소개하라고 말했다는 것이다. 그녀의 이름은 셜리 로스로 20년간 할리우드에서 프로듀서로 일했다. 셜리는 하나님께서 그녀가 나를 돕기 원하신다고 굳게 믿고 있었다. 감사합니다. 예수님.

나는 셜리와 함께 저녁을 먹으며 하나님께서 주신 비전 'Extreme Prophetic'에 대해 나누기 시작했다. 거기서 그녀는 자원봉사자로서 나와 함께 프로듀서로 참여하기를 원했다. 이제 쇼를 만들 일만 남았다. 우리에게 재정은 없었지만 셜리는 몇몇 자원봉사자를 모았다. 6주 만에, 프로그램 제작에 필요한 것들을 이것저것 모두 모았다. 하나님께서 기적적으로 모든 재정들을 공급하셨다. 추가로, 300명이 넘은 중보기도자들이 이 프로그램을 위해 매일 기도하기로 헌신했다-정말 놀라운 일이다!

웨슬리 스테이시 캠블 부부, 래리 랜돌프, 토드 벤틀리와 나는 첫 Extreme Prophetic 프로그램 제작을 위해 할리우드로 갔다. 각자 헌금과 시간으로 이 프로젝트에 씨를 뿌렸다. 프로그램은 정말 재미있었다. 토드와 웨슬리는 자연스러웠지만, 스테이시와 래리 그리고, 나는 카메라 앞에서 얼어버렸다. 메이크업 아티스트는 우리를 도자기 인형처럼 분장해줘 서로를 보며 정말 그 사람인지 의심스러워 할 정도였다. 우리에게 익숙한 세상과는 전혀 다른 환경이었다.

할리우드에서 필름을 제작한 후에, 워너 브라더스 사를 통해 라스베가스 방송권을 사고 두 개의 유명한 뉴에이지 프로그램 사이에 방송시간을 편성했다. 우리가 방송권을 구입함으로 미국에 잘 알려진 영매의 뉴에이지 쇼가 취소되었다. 우리가 그 시간대를 가진 것이다. 이것은 강력한 예언적인 메시지다. 교회가 다시 땅을 점령한다! 우리는 5주 동안 Extreme Prophetic을 방송했다.

열매가 즉시 나타나기 시작했다. 한 이메일이 우리에게 왔는데 이 짧은 편지에 자신의 죄를 뉘우치며 다시는 죄를 짓지 않을 것이라고 다짐하는 글이 적혀 있었다. 이 사람은 프로그램을 통해 강력하게 만짐을 받았고 고마움을 나타내고 싶어 했다. 이것은 우리가 하는 일에 큰 위로를 주었다. 또, 수많은 신자들이 방송파에 실린 참 예언을 듣고 일어서기 시작했다. 우리는 그리스도의 몸 안에 잘 알려진 선지자들과 리더들로부터 엄청난 지지를 받았다. 공중파를 통해 그분의 참 예언을 가져가는 하나님의 비전은 마치 산불이 퍼지는 것과 같았다.

나는 성공적으로 프로그램을 제작하고 방송한 후에 모든 임무가 끝났다고 생각했다. 하지만, 하나님은 다른 계획을 가지고 계셨다. 그분은 매주 정기 프로그램을 만들기를 원하셨다. 그 당시, 나는 순회 강사에 사역리더로서 전임사역을 했기 때문에 매우 바빴다. 나는 어떻게 정기 프로그램 제작을 위해 시간을 내야 할지 알지 못했다. 하지만, 나는 몰라도 하나님은 아셨다. 주님의 부르심 때문에 자신의 경력을 내려놓고 프로그램을 제작한 셜리와 함께 계속 이 사역을 진행하기로 했다. 우리에게는 재정도 없고, 장비도 없고, 제작진, 재능도 없었다. 하지만, 우리에게는 주님이 있었다. 주님은 우리에게 충분한 것보다 더 많이 주신다.

　　매 순간순간마다 성령님의 인도를 따라갔다. 정말 그분은 우리의 감독이었다. 단 한 번의 주님의 방문으로 마치 강보에 쌓인 것처럼 프로그램이 제작되었다. 처음에 시작할 때에는 예수님이 그러셨던 것처럼 우리도 겸손해야 했다. 하지만, 우리가 그분을 따라가면, 하나님의 영광을 위해 사람들에게 영향을 끼칠 수 있는 능력을 주실 것을 약속하셨다. 하나님은 우리가 가야 할 모든 발걸음을 보여 주셨다. 그분은 2명의 카메라 기사, 조그만 조명기구, 편집용 컴퓨터와 프로그램을 주셨다. 우리가 어느 곳으로 가든 은총을 누렸다. 개인과 기관의 지속적인 도움도 들어왔다. 영광스러운 중보 팀이 만들어졌고, 첫 재정 후원자가 생겼다. 하나님은 Extreme Prophetic 가족을 만드셨다. 우리는 성령으로 완전히 하나가 되는 즐거움을 누렸다.

　　정기 프로그램 촬영을 시작할 때, 비싼 임대료로 스튜디오를 빌릴 수 없었다. 그래서 셜리의 콘도에서 벽을 배경으로 식탁에 앉아 촬영을 시작했다. 우리는 특징 있는 설교자의 강단이나 무대배경과는 다른 차별화를 시도했다. 집에서 직접 하는 DIY(Do-It-Yourself)인 만큼 음향이 다른 프로그램과는 차이가 났다. 우리는 카메라, 조명설치, 편집을 한 번도 해 본 적이 없었다. 우리가 할 수 있는 일이라고는 주님께 도움을 구하며 사용설명서를 읽는 것뿐이었다. 프로그램 촬영을 끝내기 위해 1주일에 7일, 하루 18시간씩 일했다. 초창기의 프로그램을 다시 보면 부실한 조명, 흔들리는 카메라, 최악의 음향, 이상한 화면전환에 크게 놀란다. 하지만, 성령의 기름 부음은 기술적인 경험이 없어도 매우 강력했다.

주님의 신실함과 은혜가 계속 내려왔는데, 캐나다의 Miracle Channel에 있는 딕 박사, 욘 듀어트와 브래드 락하트와의 만남도 그렇다. 우리의 프로그램을 그들에게 보냈을 때, 그들은 이 프로그램의 기름 부음과 잠재성을 발견했다. 프로그램의 기술적인 부족함에도 불구하고 그들은 자신의 채널에서 이 프로그램을 캐나다 전역에 방송했다. 이런 축복은 하나님의 선물이었다.

우리는 웹사이트(www.Extremeprophetic.com)와 미라클 채널(www.miraclechannel.ca)을 통해 Extreme Prophetic을 전 세계에 방송하기 시작했다. 전 세계로부터 편지, e-mail, 전화가 오기 시작했다. 캐나다, 미국, 이스라엘, 크로아티아, 루마니아, 중미국가, 일본, 호주, 뉴질랜드, 모든 대륙의 사람들이 쇼를 통해 어떻게 하나님의 만짐을 받았는지를 알려줬다. 수많은 사람들이 그들에게 주는 특별한 하나님의 말씀이 있는지를 알기 위해 매주 프로그램을 본다. 난 무슬림 배경을 가지고 있는 한 사람으로부터 오는 편지를 너무 좋아한다. "프로그램을 보자 갑자기 신기하게 제가 하나님에 의해 물에 빠진 것처럼 느껴졌습니다. 나는 예수님께 무릎을 꿇고 나의 삶을 드렸습니다." 아멘!

그때부터, 하나님께서는 방송을 위한 네트워크를 계속 열어주셨고, 공중파를 통해 빛을 어둠 속에 가져가길 원하는 선지자들과 관계를 맺을 수 있었다. 선지자들은 너무나 놀랍게 우리를 지원하였다. 바비 코너(Bobby Conner), 폴 케이스 데이비스(Paul Keith Davis), 하이디 베이커(Heidi Baker), 제임스 골(James Goll), 스테이시 켐블(Stacey Campbell), 신디 제이콥스(Cindy Jacobs), 그래험 쿡(Graham Cooke),

존 폴 잭슨(John Paul Jackson), 토드 벤틀리(Todd Bentley)와 같은 하나님의 사람들이 인터뷰 시간에 그들의 축복을 나누어 줬다. 나의 친한 친구 스티브 슐츠(Steve Shultz)는 Elijah List를 통해 인터넷에 예언적인 TV를 설립하고 선지자들과의 인터뷰를 통해 정말 놀라운 메시지를 전했다. 전 세계 수천 만의 사람들이 이 인터넷 TV를 보고 있다. God TV의 웬디(Wendy)와 로리 알렉(Rory Alec)과 같은 수많은 사람들을 통해 신선한 예언이 공중파에 넘쳐 난다.

맘몬의 영 재정 마귀

세속적인 미디어는 대부분 재정에 의해 조종된다. 바빌론 시스템에서는 얼마나 많은 재정이 있는가에 따라 미디어의 생사가 결정된다. 우리가 이 사역을 시작할 때 누군가가 100만 달러가 없으면 하지 말라고 충고해줬다. 그 시기에 우리에게는 100만 센트도 없었다. 하지만, 우리는 주님의 지시와 믿음으로 이 일을 해 나갔다. 초창기에 프로그램을 만드는 데 필요한 경비를 주겠다고 접근한 사람이 있었는데, 그는 Extreme Prophetic을 통해 나오는 수익을 요구했다. 우리는 주님이 이런 방법으로 가지 말라고 말씀하시는 것을 느꼈다. 하나님은 자신의 재정적인 후원자를 직접 일으킬 것이며, 미디어 군대의 자원봉사자로 그들을 세울 것이라고 말씀하셨다.

하나님께서 우리를 미디어로 부르셨을 때, 나는 예언사역을 23년째 하고 있었다. 교회를 세우고, 선교를 하고, 사도적인 프로젝트를 하는 동안에도, 미디어사역 만큼 큰 재정적인 부담감을 느꼈던 적이 없었다. 이전에는 근무 환경도 좋았고, 재정적인 부담도 없었다. 하지만, 일을 진행할 때마다 더 많은 인원, 더 적합한 장비, 더 좋은 편집기가 필요했다. 모든 장비에는 큰 액수의 가격표가 따라왔다. 만약 우리가 투자금을 모으지 않았다면 방송질의 향상뿐만 아니라, 방송조차도 하지 못했을 것이다.

나는 매우 무거운 사단의 기습을 경험한 적이 있다. 나는 해외에 있는 동안 재정담당자로부터 "우물이 말랐어요."라는 전화를 들어야만 했다. 구좌에는 재정이 전혀 남아있지 않았지만 예산편성을 위해서는 아직 2주나 남아있었다. 나는 셜리 로스에게 전화를 걸어 지금의 상황을 프로덕션 팀원들에게 말하라고 알렸다. 론과 나는 팔거나 저당 잡힐 수 있는 조그만 집이 있었는데, 그 집을 팔 경우 한 달 치의 경비를 채워 넣을 수는 있지만, 더 이상은 투자할 수 있는 물건이 없게 된다. 이번 달 봉급은 다 줄 수 있지만, 다음 달 봉급은 더 이상 장담할 수 없었다. 우리는 솔직하게 이 사실을 프로덕션 팀원들에게 알려 다른 직장을 찾을 수 있도록 할 생각이었다. 팀원들은 모두 가정이 있고 아이들이 있었기 때문이다. 우리는 모두에게 이 사실을 알렸다. 이 사실을 알리자, 모두가 Extreme Prophetic에서 오랫동안 일했다며, 우리가 그들에게 봉급으로 줄 재정이 없다 하더라도 하나님께서 모든 필요를 채워주실 것이라고 말하며, 하나님을 신뢰했다. 그것이 다른 직장을 의미한다고 해도….

다윗의 용사들

몇 달 전만 하더라도, 그들은 자신의 안정적인 직장을 포기하고 하나님을 추구하는 삶에 뛰어 들었었다. 하지만, 지금 그들은 시험받고 있었다. 나는 자신의 삶이 위험해짐에도 불구하고 왕을 위해 땅을 지킨 다윗의 용사들을 기억한다(대상 11:10~19). 우리 팀은 하나님을 위해 공중파를 점령하기 위해 헌신되었다. 하나님의 왕국이 확장되는 것을 보기 위해 밤낮으로 장시간 일하고, 보수를 받지 않고, 극악한 근무환경과 싸웠다. 그들은 재정 후원자와 중보자들처럼 신실하고 믿음직스러웠다!

하나님의 공급하심으로 우리가 주님을 찬양하기 전까지는, 우리들은 스스로 필요한 것을 채워야 했다. 이 어려운 시기의 시험은 하나님을 섬기고자 하는 종의 마음을 증명했다. 자만, 탐욕, 교만으로 얼룩진 바빌론의 영을 반대정신으로 극복했다. 주님은 그리스도 안에서 그의 백성에게 항상 승리를 주시겠다고 약속하셨다(고후 2:14). 우리가 믿음을 잃지 않는 만큼 하나님의 미디어 군대는 모든 방면에서 계속 승리할 것이다. 하나님은 이 영토를 주시는 것 이상으로 우리에게 주시며, 이 땅 위에 주님은 높임을 받으실 것이다.

천사의 방문

"모든 천사들은 부리는 영으로서 구원 얻을 후사들을 위하여 섬기라고 보내심이 아니뇨"(히 1:14). 요즘, 많은 사람들이 천사의 방문을 경험한다. 이것은 지금이 추수의 시기임을 증명한다. 사도행전에는 추수와 핍박의 시기에 천사의 방문이 많다는 것을 보여준다. 만약 당신이 어둠 속으로 빛을 옮기기를 갈망한다면, 천사가 당신을 보호하고, 공급하고, 힘을 주고, 음성을 들려줄 것을 확신하라. 하나님의 미디어 군대는 그의 몸 안에서 부르심을 받은 사람들뿐 아니라, 그들을 지원하고 격려해 주는 하늘의 천사들로 구성되어 있다. 미디어를 통해 천사가 방문하는 일이 늘어나고 있다. 나는 촬영 도중에 천사와 영적인 바람과 불이 일어나는 예언적인 환상을 본 적이 있다. 놀라운 기사와 표적은 이 시기에 미디어의 사역으로 하나님과 동행하는 사람들에게 일어날 것이다.

부르심을 받았습니까?

하나님의 미디어 군대는 지금 이 시간에도 일어나고 있다. 당신도 이 사역으로 부르심을 받았을지도 모른다. 하나님은 중보기도자, 재정 후원자, 기술 행정 지원자, 감독, 프로듀서와 개인적으로 하나님을 위해 일어날 사람들 모두를 부르고 계신다. 하나님은 돈과 명예, 권력에 넘어가지 않는 사람을 찾고 계신다. 그는 다윗의 용사들처럼 왕을 사랑하고, 그를 위해 공중파를 막아설 사람들과 어둠 속에 빛을 가져갈 사람들을 부르고 계신다. 미디어로의 부르심에 가슴이 뛰는 사람이 있다면 그 길을 열어달라고 기도하라. 하나님은 당신이 믿음으로 걸어나갈 때, 당신이 상상하는 것보다 더 좋은 것을 주실 것이다. 지금 나와 함께 기도하자.

하나님 아버지

나의 영과 육과 혼, 모든 것을 주님께 드립니다. 미디어의 어떤 분야라도 하나님을 섬길 수 있도록 나를 드립니다. 아버지께서 나를 미디어 군대로 부르심을 압니다. 기꺼이 가겠습니다. 나의 나 된 것과 내가 가진 모든 것은 당신의 것입니다. 감사합니다. 당신의 풍성하신 사랑과 은혜로 나에게 능력 주시는 주님 안에서 모든 것이 가능합니다. 길을 여소서. 기꺼이 가겠습니다. 나는 어둠 속에 당신의 빛을 옮길 준비가 되었습니다. 예수님의 이름으로 기도합니다. 아멘!

CHAPTER

제11장 이 모든 것은 그분에 대한 것이다!

나는 2장에서 그리스도의 빛이 타오르는 횃불을 가지고 어둠 속으로 달려가는 사람에 대한 환상을 나눴다. 이 열린 환상처럼, 이 책 「빛은 어둠 속에 있다」는 그분을 알지 못하는 장소로 빛을 옮기는 것이 핵심내용이다. 빛을 옮기기 위해서 우리는 반드시 빛을 알아야 한다. 다가오는 추수기의 바람을 잡는 일은 매우 쉽다-물론 노력이 따라야 한다-예언적인 성취를 위해 전도를 함께 하는 일도 매우 쉽다.

사람의 영은 놀라운 아이디어와 그에 따른 계획을 진행할 수 있도록 적합하게 만들어져 있다. 물론, 노력을 해야 잠재적으로 많은 열매를 맺게 할 것이다. 왜냐하면, 하나님은 자신의 말씀과 약속에 신실하시기 때문이다. 하지만, 하나님은 그분의 마음을 나타낼 사람을 찾으신다. 왜냐하면 그 사람은 하나님을 사랑하고 하나님을 알기 때문이다.

하나님의 나라는 모든 것이 관계다. 하나님께서 예수님을 우리에게 보내신 이유도 우리와 관계하고 싶었기 때문이다. 그는 우리를 사랑할 뿐만 아니라 사랑이시며, 우리에게 자신의 순수한 사랑을 표현하기를 갈망하신다. 그는 우리를 그분 가까이 인도하시고, 그분의 임재와 사랑으로 우리를 변화시키고 계신다. 그는 우리의 마음이 그분이 열정을 가지고 있는 곳에 있기를 원하신다. 그분의 열정은 잃어버린 자들에게 향한다!

내가 처음으로 거듭났을 때, 귀 있는 사람이면 누구에게든지 다가가 설교를 했다. 그 결과, 그리스도의 삶과 사랑, 용서의 축복으로 가득 찬 존재가 되었다. 나는 전 세계가 그분을 알기 원하는 마음으로 내 경험을 나눈다. 나는 새 신자나 다시 주님께 돌아온 자들을 사랑하는데, 왜냐하면 나도 주님의 사랑을 경험했기 때문이다. 나는 그들이 내 삶의 일부가 될 때까지 전도, 가르침, 전도여행, 프로젝트를 계속했다. 나는 이 모든 것을 사랑한다. 하지만, 그들의 소중함을 깨닫지 못했다면, 나는 내가 모르는 사이에 매우 조직적이며 일 중심적인 사람이 되었을지도 모른다.

나는 홍콩에서 온 잭키 풀링거(Jackie Pullinger)의 죄에 대한 설교를 듣던 도중, 내 자신이 얼마나 잃어버린 영혼들을 향한 순수한 동기보다, 전도에 힘썼는지를 알게 되었다. 나는 거리에서 영혼을 구원하는 걸 즐겼고, 팀과 함께 갈 때 너무 만족해 했다. 나의 자기성취감이 전도 프로젝트를 하는 동기가 되었던 것이다. 여러가지 면에서, 나는 매우 교만했다. 전도여행 후 얼마나 많은 사람들을 예수님께 인도했는지에 대한 보고를 들으면서 자주 자기만족감을 느끼곤 했다. 때로는, 주님께서 사람들을 통해 어떻게 일을 하셨는지에 대한 보고는 하지 말라고 제안하기도 했다. 사실, 우리는 그분이 하신 모든 놀라운 일은 나눠야 한다. 우리는 사역을 하는 동안 반드시 우리의 마음의 동기가 무엇인지 시험해 봐야 한다.

그 당시, 우리는 거리에서 사람들에게 괴롭힘을 당하던 시기였다. 어떤 사람은 큰 소리로 하나님을 모욕했고, 우리에게 물건을 던지기도 했으며, 때론 우리를 위협하며 쫓아오기도 했다. 이런 일들은 우리를 흥분하게 했다. 결국, 의를 위하여 우리는 욕을 들어야만 했다. 그날 밤, 잭키의 메시지를 들으며, 만약 우리가 사람들로부터 괴롭힘을 당하지 않는다면, 그 결과로, 순수하지 못한 동기로 그들에게 다가갈 수 있다는 사실을 깨닫게 되었다.

나는 내 모든 잘못된 동기와 행동을 회개하기 시작했다. 잃어버린 영혼을 향한 순수한 마음으로 채워달라고 기도했다. 하나님은 내게 자신이 죄인의 친구이며, 자신을 따르는 자에게 자신의 마음을 주겠다고 분명하게 말씀하셨다. 나 자신을 겸손케 하고 그분께 더욱 가까이 가는 것이 내가 할 수 있는 모든 것이었다. 나는 집으로 돌아가는 길에 작년에 도심에서 전도를 했던 장소에 한 번 더 찾아가기로 마음먹었다. 그때, 나는 거리에서 예수님을 찾았고, 과거에는 전혀 경험하지 못했던 방법으로 잃어버린 영혼들을 향한 그분의 사랑을 느끼기 시작했다. 나는 거리를 걸으며 내 주위에 깨어진 모든 것을 위해 하나님께 부르짖기 시작했다. "저들을 향해 당신의 마음이 깨어진 것처럼 내 마음도 깨어지게 하소서." 그날은 내 인생에서 특별한 날이었다. 이제껏 경험하지 못했던 잃어버린 영혼을 향한 깊은 사랑을 느겼다. 그날 거리에서 나는 주님을 만났다. 잃어버린 자들에게 하나님은 그의 사랑을 나눠주길 원하신다.

사역을 성공적으로 하기 위한 가장 커다란 열쇠는 바로 주님의 마음을 아는 것이다. 그는 우리에게 기꺼이 자신을 나타내길 원하신다. 하지만, 모두에게 그분의 열정을 나누시지는 않는다. 하나님은 하나님을 사랑하는 자를 찾으시고 그를 가까이 하신다. 잃어버린 영혼은 그분의 가장 큰 보배이며, 그분을 사랑하는 자에게만 하나님께서 받으신 상처를 보여 주신다. 그분의 이런 상처를 아는 것이 얼마나 영광스러운 특권인지 모른다. 순수한 마음으로 그분을 알기를 원하고 사랑하기를 원하는 모든 자들은 이것을 경험하게 될 것이다.

그분의 사랑으로 가득 채워진다면, 그분을 증거 하는 일이 쉬워진다. 잃어버린 영혼들이 당신에게 매달릴 것이다. 그들은 당신을 믿을 것이며, 당신 안에 진정한 그리스도의 사랑이 있다는 것을 인정할 것이다. 잃어버린 영혼을 향한 그분의 사랑으로 충만해지는 것이 추수의 때가 오기를 갈망하는 모든 사람들의 가장 큰 목표가 되어야 한다. 이것이 참된 빛을 어둠 속으로 옮기는 방법이다-이 모든 것은 그분에 관한 것이다.

플러그를 꽂아라

예수님은 어제도 오늘도 내일도 항상 동일하시다! 잃어버린 영혼을 향한 그분의 사랑은 절대 변하지 않는다. 사람들이 죄와 불법에 잠기고, 어두움은 더욱 어두워지고 있다. 반항과 부패가 서구사회에 증가하고 있다. 어두움의 나라와 빛의 나라가 싸우는 모습이 더욱 분명해지고 있다. 인간의 역사 속에서 사람들의 거역과 반항의 물결에도 불구하고 신실하게 일어서 있는 한 분을 봐야 한다. 하나님은 사랑과 믿음을 결코 포기하거나 취소하지 않으셨다.

그는 구원자이자 치료자이시며 구주이시고 왕이시다. 그는 이 땅 가운데 임할 심판의 봉인을 열 수 있는 유일하신 분이시다. 그는 너무나 놀라우시다! 그는 빛이시다. 그는 그의 사랑과 능력으로 우리를 충만케 하기 위해 우리를 부르신다. 또, 어둠의 날에 그분을 나타내기 위해 우리를 부르신다. 이 모든 것은 그분과의 참된 친밀한 관계에서 온다. 전등이 플러그를 꽂지 않는 한 불이 들어오지 않는 것처럼 그분과의 친밀한 관계에 플러그를 꽂지 않으면 어두운 세상을 밝힐 수 없다. 하나님과의 친밀함은 그분의 빛으로 세상을 밝게 비추는 열쇠이다.

산만함

나는 2년 동안 주님께 예배드릴 때나, 나 자신을 주님께 드릴 때 산만함과 싸우는 나 자신을 보았다. 많은 그리스도인들이 이와 비슷한 경험을 한다. 컨퍼런스나 모임 도중에 보통 85~100%의 사람들이 산만함에 노출되어 있다. 산만함은 어떻게 보이는가? 하나님께 자신을 드리는 시기에 갑자기 당신에게 이질적인 생각들이 들어오기 시작한다. 아마도, "나중에 이메일을 확인해 봐야겠어. 커피를 마셔야겠군, 이거 먼저하고 나중에 다른 거 해야겠다."라고 생각할지 모르겠다. 이미 오래 전부터, 하나님과의 관계를 가지는 시간이 없어졌고, 이날 주님과의 은밀한 장소로 갈 수 있는 기회를 놓쳤을 수도 있다.

인간의 육체의 본성은 하나님을 대적한다. 우리의 영은 그분의 마음에 다가가는 것보다 육적인 것에 기우는 경향이 있다. 나는 다루기 힘든 인간의 육적 본성과 영이 마귀보다 더 큰 적이라는 사실을 안다. 우리는 하나님을 가장 깊고 어두운 영역에서 섬긴다. 왜냐하면 하나님은 존귀하기 때문이다. 어두움으로 갈 수 있는 능력은 주님과의 친밀함에서 나온다. 우리가 계속 빛을 내지 않는다면 어떻게 어둠 속으로 들어갈 수 있을까? 아래에 하나님과 시간을 보내는 것을 방해하는 산만함을 다루는 법을 적고자 한다.

1. **그분과 시간을 보내기로 결정하라.** 스케줄을 보고 주님과 보낼 시간을 정하라.

2. **매일 성경을 읽도록 계획하라.** 1년에 1번 성경을 읽도록 계획하는 것도 좋다. 성령님의 인도하심을 통해 매일 성경의 한 부분을 읽고 묵상할 수 있다. 하지만, 매일 읽기로 결정한다면 초점을 잃지 않을 수 있다.

3. **다루기 힘든 생각들에게 명령하라.** 힘든 과정이긴 하지만, 집중력이 생길 것이다. 날이 저물기 전에 다루기 힘든 생각들을 주님께 말씀드려라.

4. **성령님께 도와달라고 기도하고, 그분의 친밀한 임재를 달라고 싸워라.** 공격적인 자세는 권위를 가지게 한다.

5. **무엇보다 가장 우선적으로 그분을 사랑하라.** 그분을 섬길 때나 그분의 사랑에 잠길 때에 그분은 그의 마음으로 당신을 가득 채울 것이다. 그러면, 당신은 하나님의 비전과 함께 달릴 준비가 되었고, 어둠 속에서 참 빛이 비춰게 될 것이다.

CHAPTER

제12장 나의 팔에 만짐을 받았다면

내가 들어본 것 중에 가장 충격적인 예언을 적고 이 책을 덮고자 한다. 이 말씀은 당신을 일어서게 만들 것이고 죽어가는 세상을 향한 희망을 품게 만들 것이다.

보혈

스테이시 캠블을 통한 예언

저는 우리 죄를 위한 화목 제물이니 우리만 위할 뿐 아니요 온 세상의 죄를 위하심이라(요1 2:2)
도마에게 이르시되 네 손가락을 이리 내밀어 내 손을 보고 네 손을 내밀어 내 옆구리에 넣어보라 그리하고 믿음 없는 자가 되지 말고 믿는 자가 되라(요 20:27)

주님은 저에게 그리스도의 보혈의 능력에 대한 환상을 보여 주셨습니다. 주님은 예수님의 보혈의 능력이 얼마나 강력한지 내 마음에 말씀하기 시작하셨습니다. 이 보혈은 교회의 죄를 덮을 뿐만 아니라 온 세상의 죄를 덮습니다. 어느 때든 어느 누구든 주님의 보혈은 능력이 있습니다.

주님께서 나에게 말씀하셨습니다. "나의 교회가 그리스도의 보혈의 능력을 믿지 않는도다." 사람들이 하나 둘씩 강단에 나와 주님을 영접할 때에 "오, 내가 봤어요. 나도 믿겠어요."라고 말합니다. 하지만, 그들은 TV와 신문을 볼 때 사회에 만연된 절망과 역겨움만을 봅니다. 예수 그리스도의 보혈의 능력의 눈으로 사회를 보지 못합니다. 신문을 읽으며 "예수님의 보혈이 고칠 수 있어, 예수님의 보혈이 구원할 수 있어, 예수님의 보혈이 회복할 수 있어"라고 말하지 않습니다.

그들은 TV를 보고 일어나 "제가 가겠습니다. 모든 인류, 심지어 동성연애자들, 알코올중독자들, 창녀들, 강간범들까지도 구원할 수 있는 예수님의 보혈의 능력을 믿습니다."라고 말하지 않습니다. 그들은 신문을 읽으며 "오. 나에게 화로군. 내 나라의 불행이군, 지금 무슨 일이 일어나는 거지"라며 절망적으로 말합니다.

주님은 나에게 주님께서 자신의 백성에게 임하시며 자신의 교회에 임하실 것이라고 말씀하셨습니다. 하나님이 이스라엘 백성에게 임하셨던 것처럼 교회에도 다양한 방법으로 임하십니다. 하나님은 자신의 교회, 자신의 백성에게 임하십니다. 누구보다 먼저 자신의 교회와 백성에게 임하십니다. 왜입니까? 그래야만 이방인들에게 복음을 전할 수가 있기 때문입니다.

그분은 자신의 교회에 임하십니다. 왜입니까? 그래야만 세상에 나가 복음을 전하라고 말씀하실 수 있기 때문입니다. 나는 주님께서 "내가 이 사회의 가장 어두운 영역으로 가겠습니다. 내가 교도소로 가겠습니다. 내가 거리로 가겠습니다. 내가 세상으로 나가겠습니다. 내가 가서 외치겠습니다. '예수님의 보혈이 이렇게 할 수 있다. 예수님의 보혈이 병자를 고친다. 예수님의 보혈이 모든 인류의 가장 깊고 어둡고 은밀한 죄까지도 구속하신다.'"라고 말하며 일어나는 사람을 찾고 계신다고 믿습니다.

하나님께서 말씀하십니다. 나의 팔은 그들을 구원하지 못할 정도로 짧지 않다. 나의 팔은 영국을 구원하지 못할 정도로 짧지 않다. 나의 팔은 캐나다를 구원하지 못할 정도로 짧지 않다. 나의 팔은 유럽을 구원하지 못할 정도로 짧지 않다. 나의 팔은 이란을 구원하지 못할 정도로 짧지 않다. 나의 팔은 태국을 구원하지 못할 정도로 짧지 않다. 나의 보혈로 구원받지 못할 정도로 멀리 있는 사람은 아무도 없다. 하지만, 주님은 다시 말씀하십니다. "나는 나의 교회와 백성에게 임하지만 그들은 어디에도 가지 않는구나." 주님께서 지금 이 말을 하고 계신다고 믿습니다. "네가 나의 팔에 만짐을 받았다면 그것을 가지고 가서 사람들에게 나눠라. 설사 그것이 단 한 명일지라도."

빛은 어둠 속에 있다.
당신은 그리스도의 빛이다. 가라!

순전한 나드 도서안내   02-574-6702

No.	도서명	저자	정가
1	강력한 능력전도의 비결	체 안	11,000
2	거의 완벽한 범죄	프랜시스 맥너트	13,000
3	광야에서의 승리(개정판)	존 비비어	10,000
4	교회, 그 연합의 비밀	프랜시스 프랜지팬	10,000
5	교회를 뒤흔드는 악령을 대적하라	프랜시스 프랜지팬	5,000
6	교회를 어지럽히는 험담의 악령을 추방하라	프랜시스 프랜지팬	5,000
7	그리스도인의 삶의 비결	진 에드워드	8,000
8	기름부으심	스미스 위글스워스	8,000
9	꿈을 통해 말씀하시는 하나님	헤피만 리플	10,000
10	날마다 하나님께로 더 가까이	존 비비어	13,000
11	내 백성을 자유케 하라	허철	10,000
12	내게 신선한 기름을 부으셨나이다	허철	9,000
13	내면 깊은 곳으로의 여행	진 에드워드	11,000
14	내어드림	페늘롱	7,000
15	다가온 예언의 혁명	짐 골	13,000
16	다가올 전환	래리 랜돌프	9,000
17	당신도 예언할 수 있다	스티브 탐슨	12,000
18	당신은 예수님의 재림에 준비가 되어 있습니까?	메릴린 히키	13,000
19	당신은 치유받기 원하는가	체 안	8,000
20	당신의 기도에 영적 권위가 있습니까?	바바라 윈트로블	9,000
21	더넓게 더깊게	메릴린 앤드레스	13,000
22	동성애 치유될 수 있는가?	프랜시스 맥너트	7,000
23	두려움을 조장하는 악령을 물리치라	드니스 프랜지팬	5,000
24	마지막 시대에 악을 정복하는 법	릭 조이너	9,000
25	마켓플레이스 크리스천(개정판)	로버트 프레이저	9,000
26	무시되어 온 축복의 통로	존 비비어	6,000
27	믿음으로 질병을 치유하라(개정판)	T.L. 오스본	20,000
28	병고침	스미스 위글스워스	9,000
29	부서트리고 무너트리는 기름 부으심	바바라 J. 요더	8,000
30	부자 하나님의 부자 자녀들	T.D 제이크	8,000
31	사도적 사역	릭 조이너	12,000
32	사랑하는 자가 병들었나이다	허 철	8,000
33	사사기	잔느 귀용	7,000
34	사업을 위한 기름 부으심(개정판)	에드 실보soun	10,000
35	상한 마음을 치유하는 기도	마크 버클러	15,000
36	상한 영의 치유1	존&폴라 샌드포드	17,000
37	상한 영의 치유2	존&폴라 샌드포드	13,000
38	성령님을 아는 놀라운 지식	허 철	10,000
39	성령의 은사	스미스 위글스워스	10,000
40	성의 치유	데이빗 카일 포스터	13,000
41	세계를 변화시키는 능력	릭 조이너	10,000
42	속사람의 변화 1	존&폴라 샌드포드	11,000
43	속사람의 변화 2	존&폴라 샌드포드	13,000
44	신부의 중보기도	게리 윈스	11,000
45	십자가의 왕도	페늘롱	8,000
46	아가서	잔느 귀용	11,000
47	악의 속박으로부터의 자유	릭 조이너	9,000
48	어머니의 소명	리사 하텔	12,000
49	여정의 시작	릭 조이너	13,000
50	영광스러운 교회에 보내는 메시지 1	릭 조이너	10,000
51	영광스러운 교회에 보내는 메시지 2	릭 조이너	10,000
52	영분별	프랜시스 프랜지팬	3,500
53	영으로 대화하시는 하나님	래리 랜돌프	8,000
54	영적 전투의 세 영역(개정판)	프랜시스 프랜지팬	10,000
55	예레미야	잔느 귀용	6,000
56	예수 그리스도와의 친밀함	잔느 귀용	7,000
57	예수님 마음찾기	페늘롱	8,000

PURE NARD BOOKS

No.	도서명	저자	정가
58	예수님을 닮은 삶의 능력	프랜시스 프랜지팬	9,000
59	예수님을 향한 열정〈개정판〉	마이크 비클	12,000
60	요한계시록	잔느 귀용	11,000
61	우리 혼의 보좌들	폴 키스 데이비스	10,000
62	인간의 7가지 갈망하는 마음	마이크 비클	11,000
63	저주에서 축복으로	데릭 프린스	6,000
64	적의 허를 찌르는 기도들	척 피어스	10,000
65	조지 W. 부시의 믿음	스티븐 멘스필드	11,000
66	주님! 내 눈을 열어주소서	게리 오츠	8,000
67	주님, 내 마음을 열어주소서	캐티 오츠/로버트 폴 램	9,000
68	오중사역자들 어떻게 협력해야 하나?〈개정판〉	벤 R 피터스	9,000
69	지구상에서 가장 강력한 기도	피터 호로빈	7,500
70	지금은 싸워야 할 때	프랜시스 프랜지팬	8,000
71	찬양하는 전사들	척 피어스/존 딕슨	12,000
72	천국경제의 열쇠	샨 볼츠	8,000
73	천국방문〈개정판〉	애나 로운튜리	11,000
74	축사사역과 내적치유의 이해 가이드	존&마크 샌드포드	18,000
75	출애굽기	잔느 귀용	10,000
76	하나님과 동행하는 사람들〈개정판〉	샨 볼츠	9,000
77	하나님과 사람에게 더욱 사랑스러운 자	듀안 벤더 클럭	10,000
78	하나님과의 연합	잔느 귀용	7,000
79	하나님으로부터 오는 능력	찰스피니	9,000
80	하나님을 연인으로 사랑하는 즐거움	마이크 비클	13,000
81	하나님의 마음에 합한 사람	마이크 비클	13,000
82	하나님의 심정 묵상집	페늘롱	8,500
83	하나님의 아름다움을 바라보는 축복	허 철	10,000
84	하나님의 요새	프랜시스 프랜지팬	8,000
85	하나님의 음성을 듣는 방법〈개정판〉	마크&패티 버클러	15,000
86	하나님의 장군의 일기	잔 G. 레이크	6,000
87	항상 배가하는 믿음	스미스 위글스워스	10,000
88	항상 부족함이 없으리로다	하이디 베이커	8,000
89	혼동으로부터 자유	릭 조이너	5,000
90	혼의 묶임을 파쇄하라	빌&수 뱅크스	10,000
91	화 있을진저 외식하는 서기관과 바리새인들	존 비비어	8,000
92	횃불과 검	릭 조이너	8,000
93	21C 어린이 사역의 재정립	베키 피셔	13,000
94	금식이 주는 축복	마이크 비클&다나 캔들러	12,000
95	승리하는 삶	릭 조이너	12,000
96	부활	벤 R 피터스	8,000
97	거절의 상처를 치유하시는 하나님	데릭 프린스	6,000
98	그리스도의 제사장적 신부	애나 로운튜리	13,000
99	마귀의 출입구를 차단하라	존 비비어	13,000
100	통제 불능의 상황에서도 난 즐겁기만 하다	리사 비비어	12,000
101	어린이와 십대를 위한 축사사역	빌 뱅크스	11,000
102	알려지지 않은 신약성경 교회 이야기	프랭크 바이올라	12,000
103	빛은 어둠 속에 있다	패트리샤 킹	10,000
104	가족을 위한 영적 능력	베벌리 라헤이	12,000
105	목적으로 나아가는 길	드보라 조이너 존슨	8,000
106	예언사역 매뉴얼	마크 비쎄	12,000
107	추수의 천사들	폴 키스 데이비스	13,000
108	컴 투 파파	게리 윈스	13,000
109	러쉬 아워	슈프레자 싯홀	9,000
110	그리스도 안에 거하는 삶	앤드류 머레이	10,000
111	지도자의 넘어짐과 회복	웨이드 굿데일	12,000
112	하나님의 일곱 영	키이스 밀러	13,000
113	너희 지체를 의의 병기로 하나님께 드리라	허 철	8,000
114	신부	론다 캘혼	15,000

No.	도서명	저자	정가
115	추수의 비전	릭 조이너	8,000
116	하나님이 이 땅 위를 걸으셨을 때	릭 조이너	9,000
117	하나님의 집	프랜시스 프랜지팬	11,000
118	도시를 변화시키는 전략적 중보기도	밥 하트리	8,000
119	왕의 자녀의 초자연적인 삶	빌 존슨 & 크리스 밸러턴	13,000
120	초자연적 능력의 회전하는 그림자	줄리아 로렌 & 빌 존슨 & 마헤쉬 차브다	13,000
121	언약기도의 능력	프랜시스 프랜지팬	8,000
122	꿈의 언어	짐 골 & 미쉘 앤 골	13,000
123	믿음으로 산 증인들	허 철	12,000
124	욥기	잔느 귀용	13,000
125	포로들을 해방시키라	앨리스 스미스	13,000
126	나라를 변화시킨 비전: 윌리엄 테넌트의 영적인 유산	존 한센	8,000
127	세상을 다스리는 권세의 회복	레베카 그린우드	10,000
128	예언적 계약, 잇사갈의 명령	오비 팍스 해리	13,000
129	창세기 주석	잔느 귀용	12,000
130	하나님의 강	더치 쉬츠	13,000
131	당신의 운명을 장악하라	알렌 키란	13,000
132	용서를 선택하기	존 로렌 & 폴라 샌드포드 & 리 바우먼	11,000
133	자살	로렌 타운젠드	10,000
134	레위기/민수기/신명기 주석	잔느 귀용	12,000
135	그리스도인의 영적혁명	패트리샤 킹	11,000
136	초자연적 중보기도	레이첼 힉슨	13,000
137	꿈과 환상들	조 이보지	12,000
138	나는 하나님의 음성을 듣는다	킴 클레멘트	11,000
139	엘리야의 임무	존 & 폴라 샌드포드	13,000
140	하나님의 초자연적인 능력	바비 코너	11,000
141	거룩과 진리와 하나님의 임재	프랜시스 프랜지팬	9,000
142	사랑하는 하나님	마이크 비클	15,000
143	천사와의 만남	짐 골 & 미쉘 앤 골	12,000
144	과거로부터의 자유	존 & 폴라 샌드포드	13,000
145	일곱 교회 이기는 자에게 주시는 축복	허 철	9,000
146	계시의 비밀	폴 키스 데이비스	11,000
147	은밀한 처소	데일 파이프	13,000
148	일곱 산에 관한 예언	조니 앤로우	13,000
149	일터에 영광이 회복되다	리차드 플레밍	12,000
150	악의 삼겹줄을 파쇄하라	샌디 프리드	11,000
151	초자연적 경험의 신비	짐 골 & 줄리아 로렌	13,000
152	웃겨야 살아난다	피터 와그너	8,000
153	폭풍의 전사	마헤쉬 & 보니 차브다	13,000
154	영향력	윌리엄 L. 포드 3세	11,000
155	사자 같은 용사들	바비 코너	6,000
156	승리의 발걸음	바비 코너	6,000
158	속죄	데릭 프린스	13,000
159	신의 성품에 참예하는 자	허 철	8,000
160	예언, 꿈, 그리고 전도	덕 애디슨	13,000
161	아가페, 사랑의 길	밥 멈포드	13,000

모닝스타 코리아 저널

No.	도서명	저자	정가
1	모닝스타저널 제1호	릭 조이너 외	7,000
2	모닝스타저널 제2호	릭 조이너 외	7,000
3	모닝스타저널 제3호 승전가를 울릴 지도자들	릭 조이너 외	7,000
4	모닝스타저널 제4호 하나님의 능력	릭 조이너 외	7,000
5	모닝스타저널 제5호 믿음과 하나님의 영광	릭 조이너 외	7,000
6	모닝스타저널 제6호 성숙에 이르는 길	릭 조이너 외	7,000
7	모닝스타저널 제7호 마지막 때를 위한 나침반	릭 조이너 외	7,000
8	모닝스타저널 제8호 회오리 바람	릭 조이너 외	8,000
9	모닝스타저널 제9호 하늘 위의 선물	릭 조이너 외	8,000
10	모닝스타저널 제10호 천상의 언어	릭 조이너 외	8,000
11	모닝스타저널 제11호 신의 성품에 참예하는 자	릭 조이너 외	8,000
12	모닝스타저널 제12호 언약의 사람들	릭 조이너 외	8,000
13	모닝스타저널 제13호 열린 하나님의 나라	릭 조이너 외	8,000
14	모닝스타저널 제14호 하나님 나라의 능력	릭 조이너 외	8,000
15	모닝스타저널 제15호 하나님 나라의 복음	릭 조이너 외	8,000
16	모닝스타저널 제16호 성령 안에서 사는 삶	릭 조이너 외	8,000
17	모닝스타저널 제17호 성령 충만한 사역	릭 조이너 외	8,000
18	모닝스타저널 제18호 초자연적인 세계	릭 조이너 외	8,000
19	모닝스타저널 제19호 하늘을 이 땅으로 이끌어내다	릭 조이너 외	8,000
20	모닝스타저널 제20호 견고한 토대 세우기	릭 조이너 외	8,000
21	모닝스타저널 제21호 부서지는 세상에서 견고히 서기	릭 조이너 외	8,000
22	모닝스타저널 제22호 소집령	릭 조이너 외	8,000
23	모닝스타저널 제23호 성도들을 구비시키라	릭 조이너 외	8,000
24	모닝스타저널 제24호 자유의 투사들	릭 조이너 외	8,000
25	모닝스타저널 제25호 땅을 차지하기, 견고한 진들에 대한 승리	릭 조이너 외	8,000

※ **모닝스타 코리아 저널**은 한정판으로 출간되기 때문에 품절될 경우 구매하실 수가 없습니다. 그러므로 **품절 여부**를 확인하신 후 구매하시기 바랍니다.